QUAR

»PRIVÉ-DOMEIN«

NR. 313

ILJA LEONARD PFEIJFFER

QUARANTAINE

DAGBOEK IN TIJDEN VAN BESMETTING

UITGEVERIJ DE ARBEIDERSPERS
AMSTERDAM · ANTWERPEN

MIX
Papier van verantwoorde herkomst
FSC® C004472
www.fsc.org

Omslagontwerp: Nico Richter
Basisontwerp: Kees Kelfkens
Omslagillustratie: privé-archief auteur
Typografie: Nico Richter

ISBN 978 90 295 4023 0 / NUR 321

www.iljapfeijffer.com
www.arbeiderspers.nl
www.facebook.com/privedomein

TWEE DAGEN VOOR DE QUARANTAINE

Genua,
maandag 9 maart 2020

Ik moet toegeven dat ik het virus aanvankelijk had onderschat. Ik schudde mijn hoofd over de ophef en achtte mijzelf veilig achter mijn eigen premature conclusie dat het een griepje betrof.

Elke dag om zes uur ontvangt Stella het virusbulletin met de nieuwe cijfers. Eerst werd dat twee keer per dag uitgegeven, maar het bulletin van twaalf uur is geschrapt om paniek te voorkomen. Gisteren waren er in Italië op één dag 133 mensen overleden aan het virus.

'Een paar dagen geleden was ik nog onder de indruk als er honderd nieuwe besmettingen werden gerapporteerd,' zei ze. 'Inmiddels zijn het er meer dan duizend.'

We moesten naar het hoofdpostkantoor aan Via Dante om een aangetekende brief op te halen. Dit Palazzo delle Poste is een van galmend marmer opgetrokken relict uit tragere tijden toen de wereld nog met voorname poststukken werd geregeld. Voor de monumentale ingang stond een rij als een stippellijn van wachtenden die conform de nieuwe regels een meter afstand van elkaar hielden. Er mochten slechts zoveel mensen tegelijk de majestueuze hal in als er loketten open waren. Carabinieri met mondkapjes hielden toezicht.

Niemand heeft het nog over iets anders. Vandaag overheerst woede op Milanezen die zaterdagnacht, voordat Lombardije werd afgesloten, massaal naar het zuiden zijn gevlucht. Zelfzuchtige criminelen zijn het, die de noodsituatie doodleuk denken te kunnen uitzitten in de hotels en in hun tweede huizen aan onze zee.

Stella's zus, die radiologe is in het ziekenhuis van San Martino, stuurt horrorberichten van het front. Er is tekort aan alles. Haar collega's in Lombardije zijn wanhopig. Wegens een tekort aan bedden en beademingsapparaten moet er besloten worden wie voorrang krijgt en wie ze helaas bij gebrek aan middelen en mankracht moeten laten sterven.

Stella en ik gingen op zoek naar een ontsmettingsmiddel, maar het was in alle apotheken uitverkocht.

EEN DAG VOOR DE QUARANTAINE

Genua,
dinsdag 10 maart 2020

Enkele dagen geleden is de zwager van een vriendin van Stella overleden, niet aan het virus, maar aan een ouderwetse hartaanval. Maar als de ziekenhuizen en de ambulancediensten niet overbelast waren geweest door het virus, zou hij misschien nog hebben geleefd. Stella heeft hem gekend en wilde hem graag de laatste eer bewijzen. Maar er was geen begrafenis. Krachtens het nieuwe decreet is het Italianen verboden hun doden te bewenen. De kist werd voor de ingang van de kerk gezet. Hooguit acht personen mochten er op een meter afstand van elkaar bij zijn toen de priester naar buiten kwam voor een haastige zegening zonder wijwater alvorens de betreurde dierbare werd afgevoerd naar het kerkhof voor een teraardebestelling zonder omstanders.

In afwachting van het dagelijkse virusbulletin van zes uur lazen we over de gevangenisopstanden. In heel Italië hebben gedetineerden onstuimig gereageerd op de verordening dat ze voorlopig geen bezoek meer mogen ontvangen. In Pavia hadden ze twee cipiers gegijzeld en in Modena waren er zes doden gevallen.

We liepen door verlaten straten, waar zeldzame passanten alle ruimte hadden om elkaar met een wijde boog te mijden. De bussen reden nog, maar ze waren zo goed als leeg.

'Gisteren waren er duizend nieuwe besmettingen,' zei Stella. 'Wat is de score van vandaag? Het is zes uur. Ben je er klaar voor? Zestienhonderd.'

We gingen iets drinken op Piazza delle Erbe. Het plein, dat normaal gonst en rinkelt, was uitgestorven. Het aantal tafeltjes was gedecimeerd om de verplichte afstand van anderhalve meter te respecteren, maar er was bijna niemand. Het was ons laatste aperitief. Later die avond werd heel Italië per decreet tot noodgebied verklaard. Verplaatsingen zijn niet meer toegestaan en alle bars en restaurants zullen om zes uur sluiten.

Er begonnen zich rijen te vormen voor de avondwinkels.

DAG EEN

Genua,
woensdag 11 maart 2020

Ik had nog nooit eerder gehamsterd. Maar omdat alle restaurants dicht zijn en steeds meer winkels sluiten, leek het mij verstandig een paar boodschappen te doen. Er mochten slechts tien mensen tegelijk binnen zijn in de supermarkt. De meeste schappen waren leeg. Bij de kassa waren strepen op de grond getrokken om de mensen in de rij op anderhalve meter afstand van elkaar te houden.

Op het uur van het aperitief lag Piazza delle Erbe er postapocalyptisch bij. De rolluiken van alle bars waren gesloten. De terrastafeltjes lagen als dode insecten op hun rug. De gesloten parasols bungelden aan hun ophanging als lijkzakken. We kwamen onze vriendin Simona tegen, die in Caffè Letterario werkt als serveerster. Zij maakte zich zorgen over alles en ook over haar financiële situatie. Zolang de noodverordening van kracht is, heeft zij geen inkomen.

’s Avonds bij het haardvuur lazen we het bericht over de oudere dame in Borgo Santo Spirito, in de provincie van Savona, niet ver van Genua. Een paar nachten geleden was haar echtgenoot overleden. Hij lag dood op de grond. Zij had de hulpdiensten gebeld. Maar omdat haar man symptomen had vertoond van besmetting met het virus, moest er eerst een sample van zijn wangslijm naar het laboratorium in Rome worden gestuurd ter analyse voordat ze mochten beginnen na te denken over de verplaatsing van het lijk. En omdat zij mogelijkerwijs ook was besmet, moest ook zij worden getest en mocht zij in afwachting van de uitslag haar huis niet uit. De testresultaten uit Rome lieten op zich wachten. De oudere dame heeft drie dagen vastgezeten in haar krappe woning met het lijk van haar man op de vloer. Ze had zo veel mogelijk op het balkon gestaan om hem niet de hele tijd te hoeven zien.

DAG TWEE

Genua,
donderdag 12 maart 2020

De draconische maatregelen hebben niet het gewenste effect gesorteerd. Italië heeft de rolluiken neergelaten, maar het virus blijft om zich heen grijpen. Daarom heeft de premier gisterenavond nog strengere regels afgekondigd. Vanaf vandaag zijn alle bedrijven en winkels gesloten, behalve apotheken en levensmiddelenzaken. De bars en restaurants, die tot gisteren om zes uur moesten sluiten, zijn nu de hele dag dicht. Van avondklok naar *Sperrgebiet*. Niemand mag zonder dwingende noodzaak de straat op.

Mijn dwingende noodzaak was tabak hamsteren en sigaretten kopen voor Stella's moeder, die al ruim een week het huis niet uit is geweest. De sigaretten zou ik achterlaten op de overloop voor haar voordeur. Ik bond een mondkapje voor en bereidde mij mentaal voor op de expeditie. Ik voelde angst en opwinding, als een astronaut in een sciencefictionfilm die zich laat overstralen naar een onbekende planeet met een giftige atmosfeer.

De stad was uitgestorven. Ik zag een man hoesten, zwetend van de koorts. Ik liep om teneinde hem te mijden. Ik kwam lotgenoten tegen, niet meer dan een handvol, die zich diep weggedoken achter hun gezichtsmaskers haastten over straat om zo kort mogelijk te zijn blootgesteld aan het gevaar. Dit was mijn uitje van de dag. Dit was mijn avontuur. Maar ook ik wilde het niet langer rekken dan strikt noodzakelijk.

De angst werd een gewoonte en de gewoonte een depressie. Ik heb razendsnel een routine ontwikkeld om op vele meters afstand te blijven van mijn stadsgenoten. Maar ik heug mij de pleintjes in de zon, de volbloed koffie en de dansende gesprekjes. Dit grauwe bestaan is een schimmige en onwaardige afspiegeling van dat kleurrijke leven, dat steeds meer begint te lijken op een lang vervlogen herinnering. Niet-leven is moeilijk.

Toen belde een vriend van Stella. Hij had koorts en hij hoestte.

DAG DRIE

Genua,
vrijdag 13 maart 2020

'Als een soldaat die zijn makkers ziet sneuvelen terwijl de vijand oprukt,' antwoordde een specialist van het ziekenhuis in Bergamo op de vraag van de journaliste hoe hij zich voelde.

De gezondheidszorg in Noord-Italië behoort tot de wereldtop. De regio Lombardije scoort een 9,9 volgens de parameters van de OESO. Ter vergelijking: Nederland krijgt in die ranglijst een 7,5. Maar het virus heeft het zorgsysteem zelfs in Lombardije volledig ontwricht.

Mensen zijn bang geworden om naar het ziekenhuis te gaan, dus ze bellen de ambulance pas als ze geen adem meer kunnen halen, en die ambulances rijden af en aan, als limousines voor de rode loper. Er zijn geen bedden meer. Er is een tekort aan beademingsapparatuur en medisch personeel. Er moet worden gekozen wie gered kan worden en wie bij gebrek aan middelen helaas zal stikken op de gang.

En nu beginnen artsen en verplegers zelf besmet te raken. In sommige ziekenhuizen verzoeken ze ziek personeel te blijven werken. Ze zijn, evenals hun patiënten, toch al besmet.

Genua heeft een haven. In de middeleeuwen was dat de plek waar met onmetelijke rijkdommen de besmettelijke ziekten werden geïmporteerd. De pest is via onze haven Europa binnengeglipt. Maar nu is onze haven een zegen. Eergisteren is het majestueuze cruiseschip de MSC Opera aangemeerd. Het is in korte tijd omgebouwd tot een noodhospitaal. Drie andere cruiseschepen liggen klaar om dezelfde transformatie te ondergaan.

Met dit soort berichten vul ik mijn uren. Ik zet geen wekker meer, omdat de dag anders nog langer duurt.

Ik staar uit het raam. Het regent, maar dat is irrelevant. De plantjes op het balkon zijn dood. Dat heeft niets met het virus te maken. In ons vorige leven, toen we duizend dingen te doen hadden, was er geen tijd geweest om ze te verzorgen.

DAG VIER

Genua,
zaterdag 14 maart 2020

Het ironische is dat Stella en ik een nieuw huis hebben gekocht, waar een langdurige quarantaine een genoegen zou zijn, maar dat we daar nog niet naartoe kunnen.

Ik zeg het verkeerd. We zijn het aan het kopen. Het is een lang verhaal. We zijn er al twee jaar mee bezig. Want helaas zijn Stella en ik niet het soort mensen dat zich tevreden kan stellen met een gewoon huis om in te wonen. We zijn er veel te goed in om samen te dromen. Dat geeft complicaties in de praktische wereld van het vastgoed.

We zijn verliefd geworden op een enorme kantoorruimte op de tweede piano nobile van Palazzo Bendinelli-Sauli tegenover de kathedraal. Na langdurige onderhandelingen, waarbij wij tot twee keer toe de makelaar van de verkopende partij hebben veranderd, hebben we in de zomer van vorig jaar een voorlopig koopcontract kunnen afsluiten met het idee het bestemmingsplan te wijzigen en de kantoorruimte te splitsen en te verbouwen tot twee royale appartementen, waarvan we er één voor onszelf houden en het andere doorverkopen. Eind december hadden we het definitieve koopcontract moeten sluiten. Maar het betreft een beschermd, monumentaal pand, de bureaucratie nam maanden in beslag en die datum haalden we bij lange na niet. De koop is uitgesteld tot eind mei.

De verbouwing verliep voorspoedig, maar eergisteren is die stilgelegd. Onze architect en opzichter Massimo heeft ons medegedeeld dat de lockdown die woensdagnacht is afgekondigd ook betrekking heeft op de bouw.

Maar we kunnen de koop niet nog een keer uitstellen. En werkt het kadaster dan nog wel? En hoe zit het dan met de bank waar we de komende maanden onze hypotheek zouden regelen? En de verkoop van dat tweede appartement, noodzakelijk voor ons financieringsplan, kunnen we voorlopig wel vergeten. Het begon mij te duizelen.

Dag vijf

Genua,
derde zondag in de veertigdagentijd,
15 maart 2020

De beelden zijn de wereld overgegaan, dus ik hoef het niet meer te beschrijven. Bij ons aan het pleintje was het niet zo gecoördineerd zoals op sommige filmpjes die elders in Italië waren opgenomen. Iedereen deed maar wat. Maar toen tientallen mensen afgelopen vrijdag om zes uur uit hun ramen en vanaf hun balkons muziek begonnen te maken, was ik ontroerd, verdomd als het niet waar is.

Het kan zijn dat het huisarrest mij sentimenteel heeft gemaakt. Dat is zeker een factor. Maar het was een onverwacht teken van leven en veerkracht. Achter al die gesloten ramen bleken zich lotgenoten te bevinden. De straten waren al dagen uitgestorven, maar de mensen waren er nog. Voor de vijf minuten die het concert duurde, hielden ze de moed erin en troostten zij elkaar door overduidelijk nog in leven te zijn.

Voorheen was de vuilcontainer aan de overkant van de straat een grote bron van ergernis voor Stella, omdat het herrie maakt wanneer mensen de klep dicht laten vallen.

‘Nu houd ik van dat geluid,’ zei ze. ‘Het betekent dat er iemand is.’

Sinds gisteravond heeft ze een lichte kriebel in haar keel. Ik probeer haar er, te midden van het bombardement van alarmerend nieuws dat zich de hele dag via pushberichten opdringt, tevergeefs van te overtuigen dat dat niets wil zeggen. Ze heeft nog niet één keer gehoest en ze heeft ook geen koorts, maar volgens haar ligt dat laatste aan de thermometer. Ze wil dat ik een nieuwe ga kopen. Ik bied geen verzet, want dit medische noodgeval vormt een geldige reden om even het huis uit te gaan en een wandelingetje te maken naar de apotheek.

'Nou, Ilja, in ieder geval heb je nu iets te schrijven,' zei ze net. 'Je eigen geliefde is besmet.'

DAG ZES

Genua,
maandag 16 maart 2020

Terwijl het aantal besmettingen in Italië de 20.000 heeft overschreden, is er opnieuw een tekort aan mondkapjes voor het medisch personeel. Onze vriendin Annalisa, die handig is met de naaimachine, heeft meters stof besteld en hoopt er enkele tientallen per dag te kunnen maken voor het ziekenhuis. Ze hebben er drie miljoen per dag nodig, dus het is een druppel op een gloeiende plaat, maar het is beter dan niets en zij heeft toch niets beters te doen. En iets te doen hebben is goed, want de angst tocht door de gesloten luiken.

Want het virus komt steeds dichterbij. Hoe noem je de echtgenoot van de zus van de man van de zus van je geliefde? De zwager van mijn lieve zwager Andrea, een olijk gezicht dat ik ken van verjaardagen en barbecues rond Ferragosto, is vandaag in kritieke toestand opgenomen in het ziekenhuis van San Martino. Ze hebben hem geïntubeerd, maar hij heeft diabetes, hetgeen complicaties veroorzaakt. Zijn vrouw, Andrea's zus, mag uiteraard niet bij hem zijn. Sterker nog, zij wordt als een potentiële draagster van het virus beschouwd en verblijft gedwongen thuis in strikt isolement.

Dat is het wrede van dit virus: het valt onze dierbaren aan en rukt ons tegelijkertijd van hen los. Wie wordt getroffen, wordt dubbel getroffen, want we mogen hem of haar niet troosten met onze nabijheid. Ik probeer mij de eenzaamheid van Andrea's zus voor te stellen, die haar leven gereduceerd ziet tot een strenge quarantaine naast de telefoon, die beter maar niet over kan gaan, want nieuws is waarschijnlijk geen goed nieuws.

Het is bij dit alles bijna een detail dat het haar was opgevallen dat de ambulancebroeders die haar man waren komen ophalen geen mondkapjes droegen. Ze riskeren hun leven, tientallen keren per dag.

DAG ZEVEN

Genua,
dinsdag 17 maart 2020

Niemand mag zonder geldige reden de straat op. De politie controleert. Wie in overtreding is, riskeert een boete of een gevangenisstraf. Je hond uitlaten telt als een geldige reden. De honden van Genua zijn nog nooit zo gelukkig geweest. Sommige mensen die financieel getroffen zijn door de sluiting van zo goed als alle neringen en die iets proberen bij te verdienen om de ergste nood te lenigen, bieden online hun hond te huur aan. Verrukt en uitgeput hijgen de dieren achter hun zoveelste baasje aan.

In Bologna is een oudere heer betrapt op het uitlaten van een speelgoedhond. Dit zijn, of het nu nepnieuws betreft of niet, de berichten die de moed erin houden.

Mijn geldige reden om het huis uit te gaan is dat ik boodschappen mag doen voor Stella en voor haar moeder. Zij kunnen mij geen groter plezier doen dan wanneer zij iets belangrijks blijken te hebben vergeten en ik tot hun spijt een tweede keer de straat op moet. Ik neem het mondkapje, dat Stella mij met precisie voorbindt voordat ik naar buiten ga, graag voor lief, evenals de rigoureuze ontsmetting waaraan Stella mij, de boodschappen en de deurknop onderwerpt wanneer ik ben teruggekeerd van mijn expeditie.

Vandaag moest ik helaas alleen bananen halen. Op Piazza delle Erbe werd ik bijkans besprongen door een cameraploeg die wanhopig op zoek was naar een voxpopje en eindelijk iemand zag. De journaliste droeg een mondkapje en had haar microfoon op een drie meter lange stok gemonteerd.

Bij het groentewinkeltje kwam ik de eigenaar tegen van een duur en geraffineerd restaurant in Palazzo Imperiale. Hij kocht groot in. Dat verbaasde mij, want zijn restaurant is uiteraard gesloten. Hij vertelde mij dat hij en zijn staf hebben besloten op eigen kosten maaltijden te verzorgen voor het ziekenhuispersoneel.

DAG ACHT

Genua,
woensdag 18 maart 2020

We hebben onze eerste virusdode in de familie. De zwager van mijn lieve zwager Andrea, over wie ik eergisteren schreef dat hij in kritieke toestand was opgenomen in het ziekenhuis van San Martino, is vanochtend overleden.

Het was het eerste nieuws over zijn toestand dat zijn vrouw en wij, de rest van de familie, vernamen sinds zijn acute opname van eergisteren. De artsen en verplegers werken harder dan ze kunnen om de aanwassende zondvloed van doodzieke patiënten het hoofd te bieden. Telefoontjes om de familie te informeren over het verloop van de behandeling zijn een luxe geworden waarvoor zij geen tijd meer hebben.

Uiteraard was ziekenbezoek uitgesloten. Hij heeft zijn vrouw en kinderen niet meer kunnen zien.

Zijn naam was Arturo. Ik kende hem van familiefeestjes en etentjes als een vrolijke en gulle man, een weggetjesweter en een ondernemer die danste met de samenleving en zakendeed met engelen en duivels. Hij stond midden in het leven.

Arturo's echtgenote is zelf besmet. Zij zit opgesloten in haar huis in de strengste vorm van quarantaine die er bestaat. Zelfs haar broer, mijn lieve zwager Andrea, mag niet naar haar toe om haar tranen te drogen. We kunnen haar bellen en dat doen we ook, maar het verdriet en haar eenzaamheid, waarvan niemand zich een voorstelling kan maken, hebben haar gedachten vertroebeld. Zij is ontroostbaar in die zin dat troost haar niet bereiken kan.

Arturo's dochter verblijft in een ver buitenland, waar zij stage loopt. Zij weet nog van niets en de vraag dringt zich op wat zij ermee wint om op de hoogte gesteld te worden. Ze kan toch niet naar Italië komen. En ook als dat zou kunnen, zou het weinig zin hebben om dat ook te doen. Ze kan niet naar haar moeder en er zal geen begrafenis zijn.

DAG NEGEN

Genua,
Sint-Jozef echtgenoot van Maria,
donderdag 19 maart 2020

Het is vandaag de negende dag van onze quarantaine. Al negen dagen kom ik niet meer uit huis, behalve voor strikt noodzakelijke boodschappen. Tot overmaat van ramp begint het buiten lente te worden. De zon straalt haar belofte van lange avonden met vrienden onder de parasols van de beste cafés van de stad vruchteloos over uitgestorven straten.

Ik vind het zwaar. Ik heb moeite om te reconstrueren welke dag van de week het is, en ik kan mij slecht concentreren. Dit dagboek biedt mij houvast. Het helpt om de leegte te beschrijven, maar de leegte blijft. We moeten nog tot 3 april en de regering zinspeelt al op een verlenging.

Het virus heeft de wereld omgekeerd. Waar drukte behoort te gonzen, heerst een beangstigende rust. De verkeersaders van de stad zijn nutteloze vlakten geworden. Onder de arcaden van Via XX Settembre, waar de modehuizen hun duurste logo's verkochten, zie je af en toe een eenzame passant, diep weggedoken achter zijn mondkapje. Waar voorheen glazen en kopjes rinkelden op de terrassen, hoor je nu het zachte piepen van de alarminstallaties van de neergelaten rolluiken. Ambulances hebben hun sirenes uitgezet. Ze willen de mensen niet onnodig in paniek brengen en er is toch niemand op straat.

Waar het rustig hoort te zijn, heerst hectiek. Niet alleen de ziekenhuizen zijn helse brandpunten van verbeten activiteit, maar ook de begraafplaatsen. In Bergamo kunnen ze de toestroom van lijken niet meer verwerken. Het leger is ingeschakeld om deze over te brengen naar kerkhoven elders in Italië waar nog wel plaats is.

In het dorpje Medicina in de provincie van Bologna hebben ze iemand begraven zonder de familie in te lichten. Dat was geen opzet. Maar de doodgravers werken twintig uur per dag. Door de uitputting en de stress waren ze het gewoon vergeten.

DAG TIEN

Genua,
vrijdag 20 maart 2020

In mijn mondaine leven van weleer was er geen tijd voor groente. Maar nu de wereld is stilgevallen, kom ik bijna dagelijks bij het groente- en fruitwinkeltje van Carlo en Amanda.

Voorheen groetten Stella en ik hen haastig in de ochtend, wanneer wij ons een weg baanden tussen Genuezen en toeristen om ergens te gaan ontbijten met verse focaccia en een brioche alla crema voordat Stella haar galerie opende, en groetten wij hen opnieuw vluchtig in de avond, terwijl zij na een lange werkdag de lege groentekratten opruimden en wij plek hoopten te vinden in een van de overvolle restaurants.

Nu lijken zij de enigen die nog in leven zijn in dat stuk van Via di Canneto Il Lungo. Hun kleurige fruitkistjes staan uitgestald in een postapocalyptisch grauw decor van gesloten rolluiken. En terwijl zij met handschoenen mijn boodschappen inpakken, heb ik op de gepaste afstand van twee meter voor de ingang van hun winkeltje alle tijd om door mijn mondkapje heen met hen te praten.

‘Wij hebben nog geluk,’ zei Carlo. ‘De meeste sectoren zijn volledig stilgevallen. Maar de mensen moeten toch eten. We hebben onze klanten zoals jij, en we zijn blij dat we deze service mogen verlenen, maar het is moeilijk. Wij bevoorraadden tien restaurants. Dat was goed voor meer de helft van onze omzet. Als ik zeg dat we overleven, zeg ik eigenlijk al te veel.'

Ik zei dat ik nog nooit zo gezond had gegeten als de laatste tijd.

'Dat zeiden meer van onze klanten. In het begin waren ze blij dat ze eindelijk de tijd hadden om goed te koken. Ze wisselden recepten uit. Maar nu, na een week, is het enthousiasme er bij de meesten wel van af. Zij hebben er genoeg van.' Hij zette mijn boodschappen in de neutrale krat. 'En wij ook.'

DAG ELF

Genua,
zaterdag 21 maart 2020

Ik denk veel aan ons nieuwe huis tegenover de kathedraal, waar de verbouwing nog steeds stilligt. Terwijl we met z'n tweeën opgesloten zitten in ons schattige appartementje op Piazza delle Erbe, loop ik in gedachten door de ruime kamers van ons palazzo. Ik maak penne al ragù klaar voor Stella in onze kookhoek en verbeeld mij dat ik aan ons speciaal door Massimo ontworpen koperen kookeiland sta met uitzicht op de rozet van San Lorenzo.

De timing van het virus is voor ons desastreus. Als het een paar maanden later was uitgebroken, zouden we al zijn verhuisd en zou onze quarantaine een feest zijn geweest. De kunst is anders te denken, ik weet het. Het virus dwingt ons om vóór onze verhuizing nog één keer intens en langdurig te beseffen waarom we ook alweer wilden verhuizen.

We zijn in een rechtszaak verwikkeld tegen de makelaar Marzia, die ons het huis heeft verkocht. Ze wil ons naaien met haar courtage. Om sterker te staan tegenover de rechter hebben we samen met onze advocate een officiële klacht tegen haar ingediend bij de Camera di Commercio. Maar die klacht kan voorlopig niet in behandeling worden genomen, want het decreet van de regering maakt het voorlopig onmogelijk om hoorzittingen te beleggen.

Intussen heeft de rechter een voorlopige uitspraak gedaan waarin hij ons verordonneert het volgens ons ten onrechte gevorderde bedrag te betalen. Dat had ook anders kunnen gaan, maar het was een gang van zaken waarmee wij rekening hadden gehouden. De aangewezen procedure zou nu zijn dat wij bezwaar aantekenen. Dat gaan we ook zeker doen, maar de rechtbanken laten dit soort zaken niet meer voorkomen zolang de lockdown duurt.

Als het land stilligt, is er helaas ook sprake van een moratorium op het voortvarend uit de weg ruimen van zorgen.

DAG TWAALF

Genua,
vierde zondag in de veertigdagentijd,
22 maart 2020

Op een gegeven moment moeten we toch een effect gaan zien van de lockdown van het land, die nu al twaalf dagen duurt, maar vooralsnog breekt Italië record na triest record. Gisteren werden er 4821 nieuwe besmettingen geteld en 793 verse doden. Volgens virologen betalen we nu de prijs van het weekend van veertien dagen geleden, toen iedereen ging skiën, wandelen en drinken op de terrassen. In sommige zuidelijke regio's is het aantal besmettingen met veertig procent toegenomen. Dat is het gevolg van de massale exodus uit Milaan van dertien dagen geleden, toen alles dichtging en men hoestend en koortsachtig vluchtte naar de warmte van de familie in Calabria, Campania, Puglia of op Sicilië.

Gisteren heeft de premier de maatregelen aangescherpt. Hij houdt zijn toespraken zaterdag om middernacht om te voorkomen dat mensen gaan hamsteren. Alle fabrieken en bedrijven sluiten nu ook, tenzij ze van strategisch belang zijn. Zelfs de online-economie komt knarsend tot stilstand. Amazon heeft bekendgemaakt dat er tot nader order niet meer wordt bezorgd in Italië.

Een vriendin van Stella belt en vertelt over haar vader, die al van haar moeder was gescheiden toen zij nog jong was. Hij heeft parkinson en was een aantal weken geleden afgereisd naar een gespecialiseerde kliniek in Noord-Italië om een veelbelovende, experimentele kuur te volgen. Toen kwam het virus. Hij is besmet geraakt en ligt nu daar aan de beademing. Hij mag geen bezoek ontvangen. Vanwege de beademing kan hij niet praten aan de telefoon en door zijn parkinson kan hij geen tekstberichtjes schrijven. Gisteren was de dag waarop zijn derde huwelijk gepland stond.

Stella en ik zitten voor het open raam. De zon schijnt. Het is stil buiten. We horen de buurvrouw, die haar raam ook open heeft. Ze zingt 'Lang zal ze leven' voor haar dochtertje.

DAG DERTIEN

Genua,
maandag 23 maart 2020

Hoewel ik op andere plekken in andere tijden meermaals heb geschreven over geloof, hoop en liefde, had ik niet voorzien dat er een dag zou komen waarop de wereld ingekookt zou worden tot niets anders dan deze drie.

Vroeger gingen deze concepten goed verborgen achter een universum vol beslommeringen en afleidingen, en kon ik er een zekere mate van trots aan ontlenen dat ik af en toe op onmodieuze wijze eraan herinnerde. In het huidige isolement in een angstvallig ontsmet huis met uitzicht op lege straten in een stilgevallen stad is de façade verkruimeld en terwijl elk telefoontje een nieuw sterfgeval kan melden, is er simpelweg weinig anders te doen dan je vast te houden aan geloof, hoop en liefde.

Het geloof van onze vaderen is geëvolueerd in geloof in de wetenschap, maar dat maakt voor de rillende gelovige weinig verschil.

Mijn missie van vandaag was dat ik medicijnen moest achterlaten op de overloop voor de deur van Stella's moeder. Op de terugweg zag ik dat de kathedraal open was. Ik ging naar binnen. Er zat één man te bidden. Verder was er niemand. Ik ging zitten en keek naar het bronzen Mariabeeld van Stella's beeldhouwer op het hoofdaltaar. Ze was afgebeeld als de koningin van Genua. Engelen zweefden uit de hemel om haar te kronen. Ik kon natuurlijk niet echt gaan zitten bidden, hoewel niemand mij zag. Maar God ziet alles. Het is maar goed dat hij niet bestaat. Ik dacht aan mijn ouders, die in Nederland wonen, en zij keek naar mij. Ik voelde de eeuwen die zij en haar kerk hadden doorstaan, en ik hoorde de stemmen van allen die vóór mij hoop hadden afgesmeekt bij nog grimmigere epidemieën. De geschiedenis bood troost, zo concludeerde ik omdat ik niet kon toegeven dat Maria dat deed.

DAG VEERTIEN

Genua,
dinsdag 24 maart 2020

Stella is inmiddels volledig hersteld van de ziekte die zij dacht te hebben. Ze had symptomen die een minder gevoelig persoon dan zij niet eens zou hebben opgemerkt: een lichte kriebel in de keel, een vermoeid, grieperig gevoel en misschien één dag een paar tienden van graden verhoging, maar dat hangt ervan af hoeveel vertrouwen we hebben in de beide thermometers die ik voor haar had gekocht.

Zij is ervan overtuigd dat zij besmet is geweest. Ze had kort voor de sluiting van haar galerie en de rest van Italië contact gehad met een Franse kunstenaar die een week met hoge koorts op bed heeft gelegen. Ik hoop het voor haar dat ze de ziekte heeft gehad. Als dit alles was, had het veel erger kunnen zijn. Ik hoop het ook voor mezelf. Want als zij besmet is geweest, ben ik dat ook en ik heb nergens last van gehad.

Maar de opluchting over het waarschijnlijke scenario dat wij beiden zonder kleerscheuren immuun zijn geworden, gaat gepaard met nog grotere zorgen. Want dit zou betekenen dat wij dragers van het virus zijn en een potentieel levensgevaar vormen voor anderen. Dus we zijn nog voorzichtiger. We gaan alleen naar buiten als het echt niet anders kan, dragen mondkapjes en houden afstand van alles en iedereen.

Vandaag heeft Stella haar moeder voor het eerst in twee weken weer gezien, gedurende twee minuten gemaskerd op tien meter afstand op de overloop voor haar voordeur. Zij behoort tot de risicogroep en komt al drie weken haar huis niet uit. Het enige wat zij al die tijd heeft meegemaakt, is dat zij, tot vermaak van de poezen, een vaas met knikkers kapot heeft laten vallen.

Sinds zondag dalen de cijfers in Italië. Misschien gaat dit ooit voorbij.

DAG VIJFTIEN

Genua,
Annunciatie,
woensdag 25 maart 2020

Het lichte knikje in de grafieken dat hoop gaf, was misschien toch niets meer dan een rimpeling in het almaar wassende water dat ons naar de lippen stijgt. Sinds zondag meldde het officiële bulletin twee dagen op rij een daling van het aantal nieuwe besmettingen in Italië. Een afname in de toename, daar moesten we het mee doen. Het was niet veel, maar het was het enige wat een beetje leek op goed nieuws. Maar gisteren werd er opnieuw een toename in de toename van het aantal sterfgevallen gemeld.

En alle voorspelde problemen doen zich daadwerkelijk voor. Een groot deel van het medisch personeel is besmet geraakt. In de ziekenhuizen moet men met steeds minder soldaten zien stand te houden tegen de oprukkende vijand. Ook Stella's zus, die radiologe is in het ziekenhuis van San Martino, zit met koorts thuis. Ze zou getest moeten worden, maar daar heeft het ziekenhuis de middelen niet voor.

Op de enige plekken die nog open zijn in de dode stad als fata morgana's van het vroegere leven, winkels die levensmiddelen verkopen en apotheken, kampt men met dezelfde complicaties. Contact met het publiek blijkt een onaanvaardbaar risico. Sommige apotheken hebben moeten sluiten omdat de voltallige staf is besmet.

De supermarkten hebben alle mogelijke voorzorgsmaatregelen getroffen. Er mogen maar tien klanten tegelijk binnen zijn. Er zijn strepen getrokken op de vloer om de afstand van anderhalve meter te waarborgen. Er zijn spatschermen aangebracht bij de kassa's. Vakken worden gevuld na sluitingstijd. Het blijkt niet afdoende. De helft van alle caissières heeft zich ziek gemeld. In Brescia is een jonge caissière na drie dagen op de intensive care overleden. In Genua heeft het supermarktpersoneel een staking aangekondigd. Ze voelen zich niet veilig. Ze zijn in paniek.

Niemand voelt zich veilig. We zijn allemaal in paniek.

DAG ZESTIEN

Genua,
donderdag 26 maart 2020

We schrokken op door een geluid dat we niet onmiddellijk konden thuisbrengen. Toen brak het besef door als een oude herinnering die lange tijd had gesluimerd onder de permafrost van de kille actualiteit. Er werd aangebeld.

Er stond een koerier voor de deur. Veel bestellingen worden niet meer bezorgd, maar af en toe druppelt er bij iemand een pakje binnen als een paranormale boodschap uit een andere wereld. De koerier kwam een zomerjurkje afleveren dat Stella in een vorig leven had besteld bij Patrizia Pepe. De dappere man droeg een mondkapje dat door zijn moeder met liefde in elkaar was genaaid van linten en een zakdoek met een bloemetjesmotief. Bevend zette hij zelf de handtekening voor ontvangst die Stella eigenlijk had moeten zetten.

Dat was ons avontuur van vandaag. Verder gebeurt er niet zoveel. Ik werk aan deze stukjes en denk aan alle romans, tragedies en heldendichten die ik aan deze stilte zou kunnen ontwringen. Maar het is lastig om de concentratie op te brengen. Er is op dit moment een achttal personen besmet uit Stella's vriendenkring. Dat betekent dat zij acht telefoontjes per dag moet doen om te informeren hoe het met iedereen gaat. Dat moeten we allemaal uitgebreid bespreken en intussen komt er een onophoudelijke stroom pushberichten en nieuws binnen over het virus. Ook dat moeten we allemaal bespreken en interpreteren in afwachting van het dagelijkse virusbulletin met de officiële cijfers om zes uur.

Ik leg mij wel de verplichting op om mij elke dag goed te kleden, al kom ik niet elke dag buiten. Ik denk dat het belangrijk is om te blijven vasthouden aan iets irrelevants als decorum. Als je de hele dag in pyjama op de bank hangt, is alle hoop vervlogen. Vanavond trek ik mijn rokkostuum aan voor mijn diner met Stella.

DAG ZEVENTIEN

Genua,
vrijdag 27 maart 2020

We hoorden een uil. Ik moet dit anders formuleren: midden in het centrum van de oude stad van de metropool Genua, die ongeveer evenveel inwoners heeft als Amsterdam en die normaal gesproken een schorre stem heeft van het klagen en van het overschreeuwen van de haven, het verkeer en dronkenlappen, hoorden wij een uil. Het is dat Stella en ik hem beiden hoorden, anders had ik gedacht dat de gekmakende stilte mij begon te bestoken met illusies.

Het water in de kanalen van Venetië schijnt weer helder geworden te zijn. Je kunt er de vissen zien zwemmen. De eeuwige smog van Milaan is opgelost in het niets. Sommige onoplosbare problemen zijn gewoonweg afgeschaft. Zo zijn er bijvoorbeeld geen gokverslaafden meer.

Enerzijds ben ik dolgelukkig wanneer Stella mij op een missie stuurt om tekorten in onze voorraden aan te vullen. Elk excuus om even het huis uit te mogen grijp ik met gretigheid aan. Maar anderzijds gaat het mij steeds meer tegenstaan om te zien wat het virus met mijn stad heeft gedaan. Het grijs van de gesloten rolluiken overheerst het straatbeeld. Gemaskerde enkelingen schuifelen schichtig langs de gevels. Ik mijd hen als melaatsen. Niemand praat. Zelfs de mensen die een rij vormen buiten een supermarkt houden vele meters afstand van elkaar en wachten in stilte, alsof ze doden herdenken. Af en toe rijdt er een ambulance voorbij zonder sirenes. De dood sloopt stilletjes en als ik op straat loop, krijg ik de indruk dat hij al heeft gewonnen. Mijn stad is mijn stad niet meer.

De nieuwe brug die Ponte Morandi moet vervangen, die op 14 augustus 2018 is ingestort, schijnt bijna klaar te zijn. Het kan niemand iets schelen. Niemand heeft er aandacht voor. Het staat niet eens in de plaatselijke krant.

DAG ACHTTIEN

Genua,
zaterdag 28 maart 2020

Er is een wonder gebeurd. De verbouwing van ons palazzo ligt nog steeds stil, maar onze architect Massimo heeft het op miraculeuze wijze, met dank aan zijn contacten en gunsten die hij in het verleden aan de juiste personen heeft verleend, voor elkaar gekregen in het holst van de totale lockdown de splitsing van de kantoorruimte te formaliseren en beide appartementen als woonhuizen te laten registreren bij het kadaster. Zelfs als alle instanties gewoon hadden gefunctioneerd, zou dit een tour de force zijn geweest, want de verbouwing is nog niet klaar en de splitsing is derhalve nog niet fysiek gerealiseerd. Dat hij de gesloten kantoren in beweging heeft gekregen, is een prestatie waarvoor ik hem op minstens een dubbele negroni zal moeten trakteren op het terras van Rossovino op Piazza Lavagna, ooit, wie weet wanneer, op een moment in de verre toekomst wanneer er weer glazen klinken met elkaar.

De registratie bij het kadaster is een cruciale voorwaarde voor onze hypotheek. In een vorig leven, toen ik nog als een handelsreiziger in verzen op en neer kon vliegen tussen Genua en Nederland, had het mij maanden gekost om alle documentatie voor de hypotheek rond te krijgen. Belastingaangiften heb ik beëdigd laten vertalen en in Nederland van apostille laten voorzien. Tientallen andere documenten en verklaringen waren inmiddels ook opgesteld, vertaald en goedgekeurd door de Italiaanse bank. De registratie bij het kadaster vormde het laatste struikelblok.

Nu dit is weggenomen, kunnen we er zelfs aan denken om de procedure te bespoedigen en het tekenen van het definitieve koopcontract te vervroegen. Stella heeft al contact opgenomen met de bank en de notaris om te informeren wat zij tijdens de lockdown kunnen doen. Het zou een stunt zijn als dit zou lukken. Hoe dan ook is dit het eerste goede nieuws in weken.

DAG NEGENTIEN

Genua,
Passiezondag,
29 maart 2020

Terwijl we turen op de statistieken om hoop te ontwaren, en in staat zouden zijn de grafieken ondersteboven te houden om moed te vatten, zijn er in Italië inmiddels negenhonderd lijken per dag te betreuren. De ijzingwekkende drempel van tienduizend virusdoden is het afgelopen weekend overschreden.

En dat is nog niet eens het slechtste nieuws. Met zekerheid is het ware aantal dodelijke slachtoffers aanzienlijk hoger. Veel ouderen sterven thuis zonder diagnose of autopsie en komen niet in de statistieken terecht. Wie symptomen heeft, wordt bevolen in huis te blijven en vooral niet naar het ziekenhuis te gaan. Dat is het officiële beleid. Er is in de verste verte geen capaciteit om iedereen met hoest en koorts bij te staan. En het kan snel gaan. Wie het virus braaf hoestend en zwetend in zijn eigen bed ligt uit te zieken, kan binnen een dag of twee zo ver afglijden dat elke diagnose of ziekenhuisopname zinloos is geworden.

Bij gebrek aan hoop vallen we terug op machteloze rituelen. Afgelopen vrijdagavond gaf de paus een volle aflaat aan de wereld. Op een uitgestrekte, verlaten en donkere Piazza San Pietro droeg de plaatsvervanger van Christus op aarde als een kleine, eenzame, spierwitte figurant in een monsterlijk decor van overweldigende duisternis de mis op voor de stad en voor de wereld waarmee hij alle zielen hun zonden vergaf. De liturgie leek op het sacrament der stervenden, waarmee de ziel wordt verlicht alvorens het lichaam het begeeft.

Er is behoefte aan wonderen. De depressieve landmeter die Stella altijd per WhatsApp foto's stuurt van barsten in muren en graven, zond vanochtend opeens foto's van wolkenpartijen die de gedaante aannamen van Maria en de Heiland.

In Genua is Italica Grondona genezen en ontslagen uit het ziekenhuis. Ze is 102. Ze heeft de Spaanse griep nog meegemaakt.

DAG TWINTIG

Genua,
maandag 30 maart 2020

Vroeger, toen ik nog alcoholist was, beschouwde ik mezelf niet als alcoholist omdat ik nooit thuis dronk. Ik was ook zelden thuis. Het was mijn opdracht om in de namiddag om vijf uur stipt af te dalen naar het terras en verder zo min mogelijk te bewegen tot sluitingstijd. Ik was daar erg goed in geworden, een van de besten van mijn generatie, durf ik wel te stellen.

Als ik erover nadenk hoe mijn vroegere ik de huidige quarantaine zou hebben doorstaan, lopen de rillingen mij over de rug. Dus ik voel wel enige empathie met alle dronkenlappen van de stad, die nu hun alibi van een sociaal leven kwijt zijn en die het thuis in het eenzame gezelschap van een fles trachten te vermijden om conclusies te trekken.

Ook de verschoppelingen en het uitschot hebben het zwaar in deze crisis. De zakkenrollers zijn werkloos geworden. Het aantal berovingen in de lege straten van Genua is gedaald tot nul. Inbrekers worden door politiepatrouilles om gezondheidsredenen terug naar huis gestuurd voordat ze de kans krijgen een kraak te zetten. De drugsdealers zijn er nog wel. In de stegen rond Vico Mele trachten zij uit het zicht te blijven van surveillerende ordediensten. Maar hun clientèle heeft er minder routine in dan zij om het straatverbod te negeren en laat het afweten. En bovendien zijn de pushers bang voor besmetting. Ze dragen mondkapjes en handschoenen.

Oplichters hielden zich aanvankelijk staande door bij bejaarden aan te bellen met het excuus dat ze getest moesten worden. Maar omdat het elke dag in het nieuws is dat er te weinig tests beschikbaar zijn, trapt niemand daar nog in.

De enige succesvolle misdaad van de afgelopen weken was een overval op een apotheek. De overvallers waren onherkenbaar en zijn nog voortvluchtig. Ze droegen mondkapjes.

DAG EENENTWINTIG

Genua,
dinsdag 31 maart 2020

Als Europa een oud continent is, dan is Italië de oudste dame in het rusthuis. Meer dan de helft van het verleden van de wereld bevindt zich op Italiaanse bodem. Maar Italië is ook op een andere manier oud: het is het meest vergrijsde land van het vergrijzende continent. En Ligurië met zijn hoofdstad Genua is de meest vergrijsde regio van Italië. Het laatste wat Europa, Italië, Ligurië en Genua konden gebruiken, was een virus dat vooral ouderen treft.

Uit de stille, idyllisch afgelegen bejaardentehuizen van Genua dringen horrorverhalen door. In Residenza San Camillo op de heuvel van Righi zijn de afgelopen week 29 bewoners overleden. Drie van de verzorgers zijn op de intensive care beland. Meer dan een derde van alle tehuizen van de stad zijn heuse besmettingshaarden geworden. Het personeel heeft te weinig bescherming en is met zekerheid besmet geraakt. Ze kunnen de bejaarden niet aan hun lot overlaten en dat is nu hun lot geworden, dat ze bij de zieken blijven en doen wat ze kunnen terwijl de een na de ander de kansloze strijd tegen het virus opgeeft. De besmette verzorgers kunnen niet meer naar huis. Ze zijn gedwongen te overnachten in de zalen waar de dood huishoudt.

Wie nog energie heeft om ergens boos over te worden,

is boos op Nederland. Terwijl de toekomst van Europa op het spel staat, blokkeert de Nederlandse regering elke vorm van Europese financiële steun aan het zwaar getroffen Zuiden. Mensen sterven, maar Nederland blijft zich arrogant en zelfgenoegzaam spiegelen in zijn eigen begrotingsdiscipline en steekt geen hand uit omdat het zijn triple A-status niet op het spel wil zetten. Europa heeft een afspraak met de geschiedenis. Als het er ooit een moment was om te laten zien wat Europa betekent, is het nu.

DAG TWEEËNTWINTIG

Genua,
woensdag 1 april 2020

De sluiting van Italië, die in het onvoorstelbaar verre verleden van drie weken geleden werd afgekondigd, zou tot aanstaande vrijdag duren. De opschorting van alle leuke dingen, zoals theaterbezoek, uit eten gaan in een van onze talloze lievelingsrestaurants, wandelen met Stella naar de haven, koffie in de zon en slappe grappen met vrienden, zou aan het einde van deze week worden opgeheven. Mijn god, wat heb ik naar die dag van 3 april toegeleefd. Ik heb het voornamelijk volgehouden door aan vrijdag 3 april te denken. Maar het virus woekert onverminderd, hoewel sommige cijfers volgens sommige interpretaties aanleiding geven tot voorzichtig optimisme op de lange termijn, en ik vreesde het besluit al dat vandaag dan ook definitief is gevallen: de volledige lockdown wordt met minstens twee weken verlengd.

De stilte went niet. Ik zou het als vakantie moeten zien, maar als het vakantie was zou ik mij laven aan het leven in de stad. Ik zou het als een werkkamp moeten zien, maar ik kan mij op weinig anders concentreren dan op de opdringerige stilte die niet klopt.

Volgende week zondag is het Pasen. Dat is in Italië nog meer dan elders een familiefeest. In vorige jaren werd ik, ongeacht de vraag of ik persoonlijk plannen of opvattingen ergens over had, dwingend gefêteerd door Stella's familie. Onder normale omstandigheden zouden de moeizame onderhandelingen over het menu al minstens een week bezig zijn. Maar dit jaar is familiebezoek uitgesloten. Pasen is afgeschaft.

Stella heeft een site gevonden van een restaurant in Val Trebbia dat complete feestelijke paaslunches thuisbezorgt. Haar idee is nu om op eerste paasdag hetzelfde menu te laten bezorgen bij haar moeder op Via di Scurreria, bij haar zus op Via Trento en bij ons op Piazza delle Erbe. Zo kunnen we toch nog een beetje samen zijn.

DAG DRIEËNTWINTIG

Genua,
donderdag 2 april 2020

We zitten aan het open raam. Nutteloze zon weerkaatst van het lege plein. We horen buren ruziemaken. Zij verwijt hem alles wat ze hem altijd verwijt en dat ze er genoeg van heeft. Hij antwoordt dat juist hij degene is die er genoeg van heeft. 'Tu vivi male questa situazione,' zegt zij. Hij verdedigt zich door te zeggen dat iedereen slecht leeft in deze situatie. Omdat ze beiden gelijk hebben, beginnen ze bij gebrek aan nieuwe, stimulerende conflictstof maar ruzie te maken over de koffie.

In de krant staat een stuk over de blinden. Omdat ze niets en niemand meer kunnen aanraken, leven ze nu waarlijk in het donker.

Als schrijver denk ik beroepshalve na over verhaallijnen, spanningsbogen en compositie. Ik besef dat dit dagboek om literaire redenen een omslagpunt nodig heeft. Alleen al uit compositorisch oogpunt zou het wenselijk zijn dat ik zou kunnen schrijven over dalende grafieken, hoop, de overwinning van de haast vergeten normaliteit op de stilte en leven dat eindelijk herademt. Maar de werkelijkheid voegt zich vooralsnog niet naar mijn literaire behoeften.

En ik begin mij steeds meer af te vragen of deze uitzonderlijke situatie, die iedereen volgens mijn buurman slecht volhoudt, niet de normaliteit is geworden. Wanneer ik 's avonds met Stella films of series kijk, komen alle scènes waarin mensen feestvieren, zoenen, dansen of met elkaar over straat lopen buitengewoon ongeloofwaardig op mij over. Ik verbaas me over de naïviteit van personages die intiem, met de hoofden naar elkaar toegebogen, met elkaar praten.

We kunnen niet voorzien in welke wereld wij wakker worden als deze nachtmerrie ooit voorbij is. We volgen deze verhaallijn zonder zicht te hebben op een catharsis. We zijn allemaal blinden die beroofd zijn van hun tast en we leven, ondanks de felle zon, waarlijk in het donker.

DAG VIERENTWINTIG

Genua,
vrijdag 3 april 2020

Toen ik vanochtend naar buiten ging om verse focaccia te kopen voor Stella, trof ik Gene aan, de eigenaar van Caffè Latino onder ons huis. Hij stond hoofdschuddend geleund op het hekje voor zijn gesloten bar.

'Dit had niemand zich ooit kunnen voorstellen,' zuchtte hij.

Ik kon van zijn gezicht lezen waaraan hij dacht. Hij dacht aan een lang vervlogen era toen Caffè Latino een van de drukste terrassen had in het hart van het Genuese uitgaansleven op Piazza delle Erbe. Op vrijdag- en zaterdagavond waren de cocktails niet aan te slepen geweest. Zijn bar was een van de hotspots voor de Australische *boaties*, de Engelse en Amerikaanse *deckhands* en stewardessen op de luxejachten, die veel te veel te besteden hadden. Hij had niet zo lang geleden een tweede etablissement gehuurd op Largo Pertini voor de opera, net zo'n A-locatie als Piazza delle Erbe, met vergelijkbare vaste lasten. Hij had misschien wel twintig of dertig man personeel in dienst. Alles is nu al een maand dicht. Oorspronkelijk was er een rafeltje hoop dat de bars morgen weer konden openen, maar het decreet is onlangs met minstens twee weken verlengd en dat kwam voor niemand als een verrassing.

'Als dit nog een paar weken langer duurt,' zei hij, 'dan ben ik failliet.'

Ik mompelde iets over staatssteun, maar het lukte mij niet erg overtuigend over te komen.

'Ja, bij jullie daar in Nederland misschien. De Italiaanse staat is zelf failliet. Dit zou een moment zijn waarop Europa zou kunnen laten zien dat het meer is dan een vrijhandelszone voor multinationals. Maar iedereen in Europa denkt alleen aan zichzelf. Als jouw Nederlandse vrienden straks in de zomer nog een cappuccino willen drinken op een idyllisch pleintje, moet er nu wel iets gebeuren. Anders is er straks geen Italië meer.'

DAG VIJFENTWINTIG

Genua,
zaterdag 4 april 2020

Als Nederlander met een inkomen dat volledig in Nederland wordt uitbetaald en belast, kwam ik eigenlijk niet in aanmerking voor een hypotheek bij een Italiaanse bank. We hadden er voor de financiering van ons palazzo rekening mee gehouden dat we alleen een hypotheek zouden kunnen krijgen die uitsluitend op Stella's inkomen was gebaseerd.

Maar Stella's moeder is hoogleraar patristiek en in de stad Imperia vond in november vorig jaar het Feest van de Nieuwe Olijfolie plaats. Stella's moeder was door de afdeling Imperia van de katholieke organisatie Serra uitgenodigd om bij die gelegenheid een lezing te verzorgen. Dat moest dus een lezing worden over olijfolie in de Bijbel en bij de kerkvaders. Stella en ik wilden die voor geen goud missen, dus wij gingen mee, want in die lang vervlogen tijd was treinreizen nog mogelijk.

Zo gebeurde het dat wij op 10 november 2019 voorafgaand aan de lezing aanzaten bij een lunch die werd aangeboden door de kopstukken van Serra. Daar hebben wij Bruno Battistin leren kennen, die een invloedrijk man bleek in het bankwezen. Stella, die als het nodig is heel voortvarend kan zijn, vroeg hem of hij geen hypotheek voor ons kon regelen.

In de maanden die daarop volgden heeft Bruno Battistin het voor elkaar gekregen dat een bank in San Remo mijn Nederlandse inkomen heeft geaccepteerd als grondslag voor een hypotheek. Alle documentatie is rond. De registratie bij het kadaster inmiddels ook. Gisteren heeft Bruno Battistin ons laten weten dat de bank alles ondanks de lockdown kan formaliseren. Het grootste probleem is dat de taxateur niet langs mag komen. Maar de bank is akkoord gegaan met een taxatie per videogesprek met ons in het nieuwe huis. We hoeven niet naar San Remo om te tekenen. Dat kan samen met het koopcontract bij de notaris.

DAG ZESENTWINTIG

Genua,
Palmzondag,
5 april 2020

Sommigen vergelijken dit met een oorlog. Maar als dit een oorlog is, is het een moeilijke oorlog tegen een abstracte vijand. Het zou een opluchting zijn als we heldhaftig naar het front konden snellen om onszelf oog in oog met het kwaad manhaftig te offeren op het altaar van altruïsme. Maar deze oorlog doet geen beroep op onze moed. Er wordt lafheid gevergd. We moeten onszelf verstoppen onder de keldertrap en kunnen het vaderland alleen redden als we vooral nergens naartoe snellen. De vijand is zo microscopisch klein dat hij onzichtbaar is. Het front is overal.

Oorlog geeft dynamiek. Er zijn slogans nodig en krijgsliederen. Er moet stoer worden gemarcheerd. Fabrieken stampen rook uit de oren om wapens te maken. Deze oorlog leidt uitsluitend tot stilte en stilstand.

Hoeveel slachtoffers maakt een abstracte oorlog? Wanneer is hij voorbij? Stella en ik leven elke dag toe naar het virusbulletin van zes uur. Er zijn nu officieel 124.632 Italianen besmet en er zijn 15.362 doden. De aantallen blijven toenemen. En terwijl we op zoek gaan naar hoop in de constatering dat ze minder snel toenemen dan een week geleden, wordt het steeds duidelijker dat de cijfers onbetrouwbaar zijn. Veel sterfgevallen halen de statistieken niet omdat er bij gebrek aan tests geen diagnose is gesteld. Naar schatting is het reële aantal virusdoden twee keer zo hoog. En volgens een recente studie van epidemiologen van Imperial College in Londen ligt het werkelijke aantal besmette personen in Italië rond de zes miljoen.

Maar het aantal ziekenhuisopnamen daalt. Is dat een hard bewijs voor het bestaan van een toekomst? Mogen we alle andere cijfers negeren en deze ene tendens extrapoleren naar de terugkeer van het gezoem op de terrassen en de muziek van het getik van lepeltjes in kopjes? Het is verdomme lente.

DAG ZEVENENTWINTIG

Genua,
maandag 6 april 2020

Terwijl er op dit moment in Italië meer genezen patiënten worden ontslagen uit de ziekenhuizen dan dat er nieuwe patiënten worden opgenomen en de strijd die artsen en verplegers de afgelopen weken hebben geleverd niet langer uitzichtloos lijkt, biedt de adempauze gelegenheid om de schade op te nemen in de eigen gelederen. Zevenentachtig medici zijn overleden. Meer dan twaalfduizend van hen zijn besmet geraakt. Ongeveer tien procent van het ziekenhuispersoneel is door het virus geveld.

Ook Sara, de zus van Stella, die radiologe is in het ziekenhuis van San Martino, heeft met keelpijn en koorts thuisgezeten. Ze zijn eindelijk langsgekomen om een test af te nemen. De test blijkt negatief. In principe zou ze weer aan het werk kunnen, maar de symptomen liegen niet en men zegt dat die tests een valsnegatieve uitslag kunnen geven. Men zegt zelfs dat dat geldt voor dertig procent van de gevallen. Dus er is een tweede test nodig.

Sara zou haar moegestreden collega's graag aflossen, maar ze is ook bang geworden. Als die negatieve testuitslag klopt, is ze, anders dan ze dacht, waarschijnlijk niet immuun geworden en zou ze het slagveld betreden zonder harnas.

Haar collega's, die dagelijks zien wat het virus kan aanrichten, nemen geen enkel risico. Ze zien hun familie niet meer uit angst dat ze het virus ongemerkt uit het ziekenhuis mee naar huis nemen. Haar naaste collega heeft haar kinderen al weken niet gezien. Een andere collega neemt, wanneer ze 's avonds uitgeput thuiskomt, de achteringang, die toegang biedt tot een afgesloten kamer met een wasbak. Haar man zet haar eten klaar in de gang.

Ze zeggen dat Sara thuis moet blijven. Ze willen niet afgelost worden. Ze sparen hun vrije dagen liever op, want nu zouden ze die toch alleen maar in trieste afzondering slijten.

DAG ACHTENTWINTIG

Genua,
dinsdag 7 april 2020

Toen ik vanochtend rond tien uur met een mondkapje het huis verliet om brood en pasta te gaan kopen, was het onbewolkt en zonnig bij een temperatuur van twintig graden met een zwakke noordoostenwind en een luchtvochtigheid van negenenveertig procent. Er werd een luchtdruk gemeten van 1027 mbar en een goede zichtbaarheid gerapporteerd van tien kilometer. Het was, kortom, een schitterende dag.

Er was veel volk op straat. Er waren te veel mensen die, net zoals ik, profiteerden van het lenteweer om broodnodige boodschappen te doen. Sinds de mondkapjes in Lombardije verplicht zijn gesteld, worden ze ook in Genua door bijna iedereen gedragen. De geïmproviseerde gezichtsbedekking, van mensen die bijvoorbeeld maandverband over hun neus en mond hebben geplakt, zie je steeds minder. Kennelijk zijn er geen tekorten meer.

Ik merkte dat het zwerfvuil is veranderd. Vroeger lagen er vooral servetjes op de grond, die van de terrastafeltjes af waren gewaaid. Nu zag ik plastic wegwerphandschoenen die als vrolijk zwaaiende handjes over straat dwarrelden.

Voor bijna elke winkel die levensmiddelen verkocht, stond een aanzienlijke rij van gemaskerde wachtenden die een meter afstand van elkaar hielden. Ik zag ook mensen die net deden alsof. Ze genoten van hun ochtendwandeling en als er een politiepatrouille voorbijkwam, sloten ze gauw aan achter een willekeurige rij.

Ik ving flarden op van het telefoongesprek van een oudere heer waarmee hij zijn vriend Giorgio overhaalde om naar buiten te komen en een wandelingetje met hem te maken. Het was een kort gesprek. Kennelijk was Giorgio snel overtuigd van de wenselijkheid van dit plan.

De mensen houden het niet langer vol. De Genuese politie deelt gemiddeld acht boetes per uur uit, las ik in de lokale krant, maar het helpt niet. Het offer is te groot en zal bovendien, als dit zo doorgaat, vergeefs blijken.

DAG NEGENENTWINTIG

Genua,
Schorselwoensdag,
8 april 2020

Wanneer ik de bejaarden van *centro storico* op ieder uur van de dag door de stegen zie schuifelen met een plastic tasje met schamele boodschapjes, uitgebreid zie uitrusten op bankjes in de zon naast een oude buurtgenoot en praatjes hoor maken onder ons raam, dan moet ik mij dwingen om niet te denken wat ik denk: we doen dit toevallig wel allemaal voor jullie, hoor.

Het zou oneerlijk zijn om zo te denken. Op intensivecareafdelingen van de ziekenhuizen liggen ook jongeren met afgrijselijke longontstekingen en een buis in hun keel te vechten voor hun leven. En bovendien moet je solidariteit niet ter discussie stellen, want dan is het geen solidariteit meer.

Maar de caissière van de supermarkt die ik gisteren sprak, heeft er steeds meer moeite mee om de redelijkheid van solidariteit in te blijven zien. De helft van haar collega's is al besmet. Ondanks alle beschermende maatregelen zijn de supermarkten een risicogebied.

'En dan zie ik zo'n bejaarde aan mijn kassa doodleuk twee kadetjes en een pakje boter afrekenen,' zei ze. 'Een paar uur later komt hij dan terug om tomatensaus en een banaan aan te schaffen. Ze houden verdomme van hun wandelingetjes. Ze maken er misbruik van dat het officieel is toegestaan om eten te kopen.'

In Grado in de provincie Gorizia heeft de politie een oude vrouw aangehouden die die dag al tien keer boodschappen was gaan doen. Bij de elfde keer hebben ze een boete uitgeschreven van 280 euro.

Als de lockdown te lang gaat duren, krijgen we onvermijdelijk een moment waarop iedereen die zich jong en sterk voelt zich begint af te vragen waarom hij zijn inkomen, carrière en plezier eigenlijk moet opofferen voor een risicogroep met een toch al lage levensverwachting. Dit mag niet gebeuren, maar je voelt het al helemaal aankomen.

DAG DERTIG

Genua,
Witte Donderdag,
9 april 2020

Het nieuwe gevleugelde woord in het dagelijkse virusbulletin van zes uur is 'plateau'. Er is geen sprake meer van een exponentiële toename van het aantal besmettingen en dodelijke slachtoffers. Er zijn nu elke dag gemiddeld tweeduizend nieuwe gevallen en rond de zeshonderd doden. De curve is afgevlakt. De grafiek heeft volgens de experts een plateau bereikt. Dit is goed nieuws, in die zin dat het beter nieuws is dan het rampzalige nieuws waaraan we gewend waren geraakt. Maar het plateau ligt nog veel te hoog om te kunnen dromen van een terugkeer naar het echte, oude leven.

Buiten zie ik soms relicten van vroeger, zoals een archeoloog aan de hand van potscherven een glimp opvangt van een lang geleden ten onder gegane beschaving. Er zijn gebroken beloften, zoals afbladderende affiches voor tentoonstellingen die nooit zijn geopend en voorstellingen die nooit zijn gespeeld. Over Via San Lorenzo is een banier gespannen als reclame voor een bloemencorso bij Villa Pallavicini. Bij café Capitan Baliano staat nog een bord dat gewag maakt van een speciale aanbieding voor een ontbijt met jus van Siciliaanse sinaasappels.

In de tweede kring van de hel ziet Dante de zielen van

de wellustigen, die heen en weer worden gesmeten door een eeuwige storm, zoals wij laveren tussen hoop en vrees in de orkaan van nieuwsberichten over het virus. Francesca da Rimini is een van hen. 'Nessun maggior dolore che ricordarsi del tempo felice nella miseria,' zegt zij tegen de dichter. Geen groter verdriet dan zich geluk te heugen in misère.

De zielen in Dantes hel weten dat hun weldadige leven van verfijnde spijzen op satijnen kussentjes voorgoed voorbij is. Ik hoop nog dat alles op een dag weer wordt zoals vroeger. Maar mijn vrees is dat we gedoemd zijn te blijven vrezen op dit plateau.

DAG EENENDERTIG

Genua,
Goede Vrijdag,
10 april 2020

Stella is nerveus. Dat komt niet door het binnen zitten. Daar kan zij veel beter tegen dan ik. Terwijl ik af en toe overvallen word door kinderachtig chagrijn omdat ik niet buiten mag spelen, voelt zij zich tussen de muren van onze quarantaine vrij als een sprookjesprinses in haar koninkrijk.

Zij is onrustig vanwege alles wat zich buiten ons huis afspeelt. Ze beschouwt de buitenwereld als een vijandig oord waar hoestende zombies rondwaren met boodschappentassen die hun kans afwachten om je te besmetten met het virus. Dus ik doe alle inkopen voor haar en haar moeder, ook al betekent dat dat zij mij langdurig moet desinfecteren wanneer ik terugkom van mijn missies in het besmette gebied.

Zij is nerveus omdat zij nog steeds af en toe keelpijn heeft. Soms wil ze expres haar temperatuur niet meten, omdat ze bang is dat ze weer koorts krijgt, en dan weer gebruikt ze de thermometer vanwege diezelfde angst tien keer achter elkaar. Ze heeft geen koorts. Maar toch is ze bang om mij te besmetten. We zitten op elkaars lip, maar zij wil mij niet op de mond zoenen.

Elena, onze lieve werkster, komt al weken niet meer.

Stella houdt het huis schoon en ik mag haar daar niet te veel mee helpen, want mijn vaardigheden voldoen in de verste verte niet aan haar strenge hygiënische normen, die zij in deze tijden van besmetting bovendien nog aanzienlijk heeft aangescherpt. Ons huis is schoner dan een operatiekamer. Vandaag arriveerde de dure, blitse stofzuiger die haar broer bij wijze van cadeau voor haar had besteld.

'De tijden zijn toch echt veranderd,' zei ze terwijl ze de doos openmaakte. 'Vroeger was ik blij als ik een handtas of schoenen mocht uitpakken. Wie had ooit kunnen denken dat ik gelukkig zou zijn met een stofzuiger?'

DAG TWEEËNDERTIG

Genua,
Stille Zaterdag,
11 april 2020

Driekwart van de wereldbevolking bevindt zich in quarantaine. Negentig procent van de wereldbevolking leeft in een land dat de grenzen geheel of gedeeltelijk heeft gesloten. Men begint zich zorgen te maken over de voedselvoorziening. Gewassen worden niet meer geoogst. Verse waren bereiken de consument niet meer op tijd.

In de winkeltjes in de stegen van centro storico van Genua kan ik nog eten vinden, al hebben ze niet meer alles op voorraad wat ze normaal hadden. Ik kan niet met een boodschappenlijstje de deur uit, maar moet elke dag zien wat er die dag open is en wat ze die dag hebben. Eigenlijk vind ik dat ook spannender. Brood begint moeilijk te worden. Er is nog één bakker open in de buurt, op Via di Canneto il Curto, en die bakt niet meer elke dag alles vers. Ik heb ook de indruk dat de prijzen van levensmiddelen zijn gestegen, maar vóór onze quarantaine deed ik bijna nooit boodschappen, dus ik kan het niet helemaal goed vergelijken.

Intussen woekert het virus genadeloos voort. Vandaag zijn er voor het eerst meer dan honderdduizend officiële dodelijke slachtoffers van het virus in de wereld. Morgen of overmorgen zal de trieste grens van twintigduizend officiële virusdoden in Italië worden overschreden. Op 20 maart heeft Italië China ingehaald als het land met de meeste officiële virusdoden ter wereld, maar vandaag hebben de Verenigde Staten Italië bijna geëvenaard en omdat de besmetting daar sneller om zich heen grijpt, zullen de Verenigde Staten Italië morgen voorbijstreven. En de officiële cijfers zijn geflatteerd, omdat veel slachtoffers niet in de statistieken terechtkomen. Het werkelijke aantal virusdoden wordt voor Italië geschat op het dubbele van het officiële cijfer. Men houdt zijn hart vast voor Afrika.

Terwijl we opgesloten zitten in gekrompen wereldjes, neemt het virus de hele wijde wereld over.

DAG DRIEËNDERTIG

Genua,
Pasen,
zondag 12 april 2020

Nadat we er via het livestreamkanaal van het Vaticaan getuige van waren geweest hoe de paus de paasmis opdroeg in de verlaten basiliek van San Pietro, alsof hij de laatste overlevende was aan boord van een reusachtig ruimteschip en uit gebrek aan geloofwaardige alternatieven routinematig zinloos geworden rituelen bleef uitvoeren, stelde Stella voor om buiten op het pleintje een sigaretje te gaan roken in de zon. Haar initiatief was des te liever omdat zij niet rookt. We konden buiten ook een videoboodschap opnemen voor onze vrienden.

Ter plekke ontstond het plan om naar haar moeder te gaan zwaaien. Haar huis heeft een balkon aan Piazza San Lorenzo vlak bij ons huis. Stella had haar identiteitskaart en haar *autocertificazione* niet bij zich. Ik zei dat ze toch niet zouden controleren.

Er stonden toch carabinieri op het plein. Zij vroegen waar wij naartoe gingen.

'We gaan naar de mamma zwaaien,' zei ik.

Omdat het Pasen was en omdat de carabinieri zelf ook moeders hadden, lieten ze ons gaan. Haar moeder was blij om Stella te zien. Na vijf minuutjes zwaaien gingen we terug naar huis.

Op Via di Canneto Il Lungo was één Pakistaans winkeltje open. We hadden niets nodig, maar omdat het zonde was om de kans onbenut te laten, kochten we chips en blikjes tonic, omdat Stella had gelezen dat kinine helpt tegen het virus.

We moesten onze video nog maken, maar nu had Stella besmette handen van het winkelen, dus ze kon haar telefoon niet aanraken. Dan met mijn telefoon. Haar haar zat niet goed. Ze kon het ook niet in orde brengen met haar besmette handen. Ze had er opeens genoeg van. Ze wilde naar huis. Ik maakte een fout door de deurknop aan te raken, terwijl ik het tasje met boodschappen droeg. Haar Pasen was verpest.

DAG VIERENDERTIG

Genua,
maandag van de engel,
13 april 2020

De autoriteiten hadden gevreesd voor het paasweekeinde. Om te verhinderen dat mensen het verbod om het huis te verlaten zouden overtreden om paasdingen te doen, was er een massale politiemacht gemobiliseerd. Alleen al in Genua waren er vierhonderd agenten op straat om familiebezoek en uitstapjes naar de zee of de bergen tegen te gaan. Er waren veertig wegversperringen opgeworpen bij kust- en uitvalswegen. Wij hoorden de helikopters cirkelen boven de stad.

Even waren Stella en ik vandaag buiten op het pleintje onder ons huis. We droegen mondkapjes en hadden onze identiteitspapieren en autocertificazione bij ons. Maar we gingen na vijf minuten weer naar binnen. We waren bang voor patrouilles.

De afsluiting van Italië zou tot morgen duren. Maar het dodental blijft oplopen. Met het oog op de nationale feestdagen van 25 april en 1 mei heeft de regering de lockdown per decreet verlengd tot 3 mei.

Met elke verlenging van de van overheidswege uitgevaardigde quarantaine word ik banger dat de ongehoorde inperking van onze vrijheden minder tijdelijk zal blijken dan ons wordt voorgespiegeld. Geen enkele expert slaagt er vooralsnog in een exitstrategie te berekenen die korter dan twee jaar duurt. Er zijn goede redenen om fundamentele verworvenheden als het recht op vrije verplaatsing en het recht op vergadering op te schorten, dat snap ik, maar ik besef ook dat elk totalitair regime in het verleden alleen maar had kunnen dromen van zulke goede redenen.

Sinds we God, religie en zingeving hebben afgeschaft, staan we als kwetsbare mechaniekjes in de wereld. We zijn gereduceerd tot onze biologie. We offeren het volle leven om het vege lijf te redden, omdat het vege lijf het enige is wat ons nog kenmerkt. Zo hebben we deze gezondheidsdictatuur over onszelf afgeroepen en ik zie eerlijk gezegd weinig aanwijzingen dat deze slechts tijdelijk zal zijn.

DAG VIJFENDERTIG

Genua,
dinsdag 14 april 2020

Onze lieve werkster Elena komt al weken niet meer bij ons en evenmin bij haar andere klanten. Ze heeft geen ander inkomen. Vanochtend ging ik naar Piazza San Matteo, waar zij woont, om haar een enveloppe te geven met het geld dat ze anders deze maand zou hebben verdiend, en een beetje extra.

We stonden met mondkapjes voor op drie meter afstand van elkaar in de zon op het plein. Ze vertelde dat haar lievelingsoom zaterdag was overleden. Hij had een chronische longziekte, kreeg acute ademhalingsproblemen en was naar het ziekenhuis gegaan. De test op het virus was negatief. Maar hij moest in het ziekenhuis blijven en een paar dagen later was de nieuwe test positief, waarna het snel was gegaan. Ze had geen afscheid meer kunnen nemen. Er zou geen begrafenis komen.

Hij was het jongste broertje van haar moeder, die op Sardinië woont en aan het dementeren is. Elena had besloten haar moeder niets te vertellen, want een van haar mooiste herinneringen is dat ze haar kleine broertje in haar armen wiegde.

'Het moeilijkste is,' zei Elena, 'dat ik nu niet dicht bij iemand kan zijn.'

De regering heeft een noodfonds beschikbaar gesteld

voor mensen die in acute financiële problemen komen. Zelfstandigen hebben recht op een eenmalige toelage van zeshonderd euro, maar het computersystem kan de hoeveelheid aanvragen niet bolwerken. De gemeente Genua heeft voedselbonnen uitgedeeld aan 33.000 personen, terwijl er 43.000 aanvragen waren goedgekeurd. Maar de gemeente heeft maar drie miljoen euro beschikbaar en kan de overigen niet bijstaan.

Ik zag een keurig meisje dat ik me goed met een cocktail kon voorstellen, kleding opvissen uit de vuilcontainer tegenover ons huis. Ik kon niet beoordelen of ze dat deed omdat ze tot armoede was vervallen of omdat ze het funshoppen miste.

DAG ZESENDERTIG

Genua,
woensdag 15 april 2020

In Italië zijn er inmiddels 121 artsen en 30 verplegers overleden aan het virus. Hoewel er geen nijpende tekorten meer zijn aan beschermend materiaal en hoewel de afgetrainde beroepssoldaten aan het front beter dan wie dan ook weten wat de risico's zijn en hoe zij zichzelf moeten beschermen tegen het gevaar van besmetting, blijft het aantal gesneuvelden in hun gelederen toenemen.

Maar de ziekenhuizen beginnen de controle te herwinnen. Er zijn meer patiënten die het ziekenhuis verlaten in taxi's of lijkwagens dan er nieuwe patiënten binnenkomen. Misschien kan men zelfs langzamerhand beginnen na te denken over al die andere patiënten met andere, ouderwetse ziekten, die nu niet geholpen kunnen worden. Maar niemand weet hoe dat moet. Alle ziekenhuizen van het land zijn volledig omgevormd tot noodhospitalen voor slachtoffers van het virus, waar het besmettingsgevaar voor virusvrije patiënten onacceptabel zou zijn.

Politici speculeren openlijk over het heropenen van winkels en fabrieken, maar ik vind het moeilijk voorstelbaar dat de normaliteit druppelsgewijs weer op gewone mensen wordt losgelaten terwijl de professionals in de ziekenhuizen geen idee hebben over de route naar een verantwoorde hervatting van hun oude werkzaamheden.

Tegengestelde angsten strijden om voorrang. De angst voor faillissement worstelt met de angst voor de dood. Iedereen is bang dat dit allemaal te lang gaat duren en dat het niet lang genoeg zal blijken.

Een verpleegster van het ziekenhuis San Gerardo in Monza heeft zelfmoord gepleegd. Haar naam was Daniela Trezzi. Wekenlang had ze gewerkt op de intensive care in een van de zwaarst getroffen gebieden van Italië. Mensen waren gestorven onder haar handen. Ze was de uitputting nabij en toen kreeg ze zelf symptomen. De test was positief. Ze kon de gedachte niet verdragen dat zij misschien patiënten had besmet en is uit het raam van het ziekenhuis gesprongen. Ze was 34 jaar oud.

DAG ZEVENENDERTIG

Genua,
donderdag 16 april 2020

Ik moet vertellen over Kumuna, een jongen uit Gambia die ik in de zomer van 2016 in Genua heb leren kennen toen we de VPRO-documentaire *Via Genua* aan het draaien waren. Toen ik hem voor het eerst interviewde, was hij net een paar dagen eerder gered van een zinkende boot op de Middellandse Zee. De dood stond nog in zijn ogen. Hij was toen zestien.

Toen de filmploeg weer terug was in Nederland, ben ik contact met hem blijven houden. Stella en ik hebben hem zo'n beetje geadopteerd en helpen hem waar we kunnen. Hij noemt haar 'mamma'. Hij heeft inmiddels een verblijfsvergunning en een plekje om te wonen. Hij gaat naar school en hij is erg trots op zijn baan in een hamburgertentje op Piazza delle Erbe.

Maar alle restaurants zijn al ruim een maand dicht. De scholen zijn al langer gesloten. Hij zit zonder inkomen en tijdverdrijf in het kleine appartementje dat hij deelt met drie lotgenoten.

Vandaag belde hij Stella. 'Mamma, ik ben bang.' Hij heeft alle symptomen. Droge hoest, keelpijn, pijn op de borst, alleen geen koorts. Stella heeft hem uitvoerig gerustgesteld door hem in alle toonaarden te verzekeren dat het een onschuldige verkoudheid betreft. Niemand kan de wereld zo overtuigend goed en mooi maken als Stella. Daarna heeft zij zijn huisarts gebeld. Ze waren het snel eens over de diagnose. Maar er is niets aan te doen. Het virus valt niet te behandelen. Besmette personen die nog kunnen ademen, wordt dringend afgeraden naar de dokter of naar het ziekenhuis te gaan.

Ik weet dat hij geld nodig heeft en zou het hem graag geven. Hij heeft geen bankrekening, brievenbussen zijn een fictie in dat stadsdeel en ik moet eerlijk toegeven dat de gedachte om met de luttele bescherming van een simpel mondkapje bij een besmet en ziek persoon thuis langs te gaan mij beangstigt, nog afgezien van het feit dat de autoriteiten het niet toestaan.

DAG ACHTENDERTIG

Genua,
vrijdag 17 april 2020

Mijn elektronische agenda blijft mij herinneren aan afspraken die in een ander tijdperk zijn gemaakt. Het zijn berichten die mij een glimp gunnen op een parallel universum waarin ik een ander leven zou hebben geleefd. Vandaag had ik in Napels aan boord moeten gaan van de Ocean Majesty om in het gezelschap van lezers terug te varen naar Genua. Precies op het moment dat ik dit schrijf, stond mijn voordracht gepland over mijn roman *Grand Hotel Europa* en massatoerisme.

Er is in de wereld nog één cruiseschip onderweg. De MSC Magnifica is op 4 januari vertrokken uit de haven van Civitavecchia met 1771 passagiers en 928 bemanningsleden voor een reis om de wereld. Twee maanden geleden is de laatste tussenstop geweest. Niemand is sindsdien van boord gegaan. Het schip is vrij van besmetting. Het is een soort tijdscapsule waarin een vervlogen wereld behouden is gebleven. Ik zag beelden van een uitpuilend zwembad, volle restaurants en hossende horden in de disco. Ik keek er gefascineerd naar zoals naar zeldzame stomme zwartwitfilmpjes van Parijs in de negentiende eeuw.

Duizenden bedrijven hebben *cassa integrazione* aangevraagd voor hun werknemers. Dat is een regeling waarbij de staat zeventig procent van het loon betaald om massaontslagen te voorkomen.

Mijn moeder belde. ‘Het rare is,’ zei ze, ‘dat er voor ons eigenlijk niets is veranderd. We zaten altijd al binnen en dat doen we nu ook. Maar toch is alles anders.’

Ik wil dat heel de wereld binnenblijft om mijn ouders te beschermen. Ik weet dat we moeten afzien van ons leven op straffe van een catastrofe in de ziekenhuizen. Maar het middel is net zo desastreus als de kwaal. Veel deugde niet aan de oude wereld, maar niet alles was slecht. Ik mis de oude tijden, vooral omdat ik geen toekomst zie.

DAG NEGENENDERTIG

Genua,
zaterdag 18 april 2020

De algehele sluiting van Italië is verlengd tot 3 mei, maar er zijn de afgelopen week enkele voorzichtige versoepelingen doorgevoerd, die van regio tot regio verschillen en die met name betrekking hebben op de productieve sector en de bouw. Dat laatste gaf ons hoop. De verbouwing in ons nieuwe huis ligt al ruim een maand stil. Samen met onze architect en opzichter Massimo bestudeerden we de nieuwe regelgeving van de regio Ligurië met als doel ergens een uitzondering op een subbepaling te vinden die ons volgens een welwillende interpretatie het recht zou kunnen geven om de verbouwing te hervatten.

Het bleek dat de loodgieter weer aan de slag mocht. Waarom er voor loodgieters een speciale amnestie gold, was onduidelijk. Het was weinig, maar beter dan niets. Er was genoeg te doen voor onze loodgieter Piero. We ontboden hem in ons palazzo en overlegden met voorgebonden mondkapjes op vele meters afstand. Piero keek moeilijk, voor zover iemand met een mondkapje moeilijk kan kijken. Zonder ondersteuning van de metselaars, die de muren moesten frezen voor de leidingen, kon hij niet zoveel.

Na een adembenemende bureaucratische trapezeact, die tientallen mails aan bevoegde instanties had gevergd, kon Massimo ons gisteren melden dat hij het voor elkaar had gekregen om onze aannemer Ivan te laten registreren als assistent van de loodgieter. Iets kan weer in beweging komen, wat in deze tijden een mirakel lijkt.

Onze advocate heeft haar bezwaarschrift ingediend tegen de rechterlijke verordening inzake ons conflict met de malafide makelaar Marzia. Zij heeft ons een afschrift gestuurd. Het is een doorwrochte juridische invectief van ruim honderd pagina's die leest als een thriller. Sommige juridische argumenten zijn ronduit geniaal. Ik kan niet wachten tot dit voorkomt. Helaas kan de eerste hoorzitting vanwege de quarantaine niet eerder plaatsvinden dan september.

DAG VEERTIG

Genua,
zondag beloken Pasen,
19 april 2020

Het is dat ik de procedures niet ken om gehoord te worden door het Etymologisch Hof, want anders zou ik via een kort geding met ingang van morgen een hervatting van het leven eisen. Dit is de veertigste dag van onze quarantaine en op woordafleidkundige gronden zou het de laatste moeten zijn.

Sommige regio's proberen kieren in de lockdown te forceren, maar de regering in Rome wil daar vóór 3 mei niet over praten. Ik heb dus nog minstens twee volle weken om mij op te winden over het etymologisch onrecht dat ons wordt aangedaan.

De cijfers van het dagelijkse virusbulletin van zes uur hebben plaatsgemaakt voor andere cijfers. Bijna de helft van beroepsbevolking van Italië in de private sector, elf van de drieëntwintig miljoen, is haar baan kwijt of krijgt geen salaris meer en heeft een beroep gedaan op staatssteun. Vier miljoen zelfstandigen hebben een aanvraag ingediend voor de eenmalige uitkering die is toegezegd. Een vijfde van de inwoners van Genua bevindt zich op of onder de armoedegrens. Er worden voedselbonnen uitgedeeld, maar het budget is niet toereikend.

Dit is geen pauze waarna de film verdergaat. Dit is een

periode waarin we de adem inhouden voordat de nieuwe wereld op ons wordt losgelaten. Deze stilte is omineus. De rust die ons moest redden, is in stilte bezig onze toekomst zwart te kleuren.

De fontein op Piazza De Ferrari spuit voor de meeuwen. Verkeerslichten op Via Dante en Via xx Settembre blijven met stompzinnige halsstarrigheid op rood en op groen springen. Het getik van de signalering voor blinden kun je op honderden meters afstand horen. In Camogli, een badplaats even ten oosten van Genua, waar het toeristenseizoen rond deze tijd van het jaar zou behoren los te barsten, liep gisteren een hert over de uitgestorven boulevard.

DAG EENENVEERTIG

Genua,
maandag 20 april 2020

In de eerste zin van zijn verslag van de Peloponnesische Oorlog zegt Thucydides dat hij meteen bij het uitbreken van het conflict is begonnen te schrijven, omdat zijn inschatting was dat de gebeurtenissen ingrijpend zouden zijn en belangrijker om te vertellen dan veel uit het verleden.

In mijn geval duurde het iets langer. Aanvankelijk bagatelliseerde ik de dreiging van het virus en schudde ik mijn hoofd in ongeloof over de paniek die om zich heen begon te grijpen. Maar zodra ik inzag dat ik een kolossale inschattingsfout had gemaakt en besefte dat mensen stikten op brancards in de gangen van ziekenhuizen in Noord-Italië en dat extreme maatregelen onafwendbaar waren, ben ik begonnen aan dit dagboek met dezelfde gedachte die Thucydides in zijn tijd had.

Dat de wereldwijde quarantaine die wij nu doorstaan ingrijpende gevolgen zal hebben, is niet iets wat ik hoop. Het is iets wat ik zo goed als zeker weet en wat mij beangstigt.

Thucydides had het gemakkelijker dan ik. Zijn kantelpunt in de geschiedenis was een grote oorlog, waarin de hele tijd grote dingen gebeurden. Ik moet de stilte beschrijven. Mijn paradoxale opdracht is een dagboek bij te houden over een periode waarin alle dagen eender zijn. Het revolutionaire en verstrekkende kenmerk van deze tijd is dat er, afgezien van in de ziekenhuizen en op de kerkhoven, niets gebeurt. Dit dagboek dwingt mij om mijn verwondering daarover niet te verliezen. Ik heb het idee dat dat belangrijk is.

Thucydides beschrijft hoe Athene in het tweede jaar van de oorlog getroffen werd door een plaag, die volgens moderne geleerden het gevolg zou kunnen zijn geweest van een virus. Daarna was de machtsbalans in de Griekse wereld volkomen veranderd. Wij worden niet alleen getroffen door een plaag, maar ook door de stilstand die ons daartegen moet beschermen.

DAG TWEEËNVEERTIG

Genua,
dinsdag 21 april 2020

Er was voor vandaag storm voorspeld. Een *burrasca* met windstoten van meer dan honderd kilometer per uur zou de stad en de kust teisteren. Maar zelfs dat verzetje wordt ons niet gegund. Het uitzicht uit de ramen van ons appartementje is onbeweeglijk als immer. Ook het weer is in quarantaine. Het vertoont zich niet meer op straat en kan de voorspelde diensten niet meer leveren.

Gisteren werd er voor het eerst een afname in het officiële aantal besmette personen in Italië gerapporteerd. Geen vermindering in de toename, maar een minuscule afname van twintig gevallen. Tegelijkertijd waren er gisteren 454 verse virusdoden te betreuren. Een van hen was de oom van onze vriendin Annalisa, die al weken met een buis in zijn keel op de intensive care lag maar het niet heeft gered.

De piek is 27 maart geweest, op dag zeventien van onze quarantaine, toen er op één dag 969 personen aan het virus overleden. Sindsdien buigt de grafiek moeizaam, traag en met tegenzin af naar beneden. Specialisten begrijpen niet waarom het zo langzaam gaat. Wellicht zijn er te veel besmettingen tussen familieleden. In ieder geval gaat het te langzaam om dagdromen over de terugkeer naar de oude wereld te rechtvaardigen.

Op het plein voor station Brignole is gisteren een everzwijnfamilie gesignaleerd. Er is zo weinig mobiliteit dat de olieprijs negatief is geworden. Wie de moed heeft om een vat olie af te nemen, krijgt er veertig dollar op toe.

In deze windstilte is Italië failliet aan het gaan. De staatskas kan de toegezegde noodhulp nu al niet meer leveren. De desillusie over het uitblijven van solidariteit uit Europa, waar Nederland de eurobonds blijft blokkeren, is groot. Volgens een recente peiling is de helft van de Italianen er inmiddels een voorstander van om de Europese Unie te verlaten.

DAG DRIEËNVEERTIG

Genua,
woensdag 22 april 2020

Op Via San Lorenzo bevindt zich een schoonheidssalon, die zowel Stella als haar moeder tot zijn vaste klanten mag rekenen. Ook Karima el-Mahroug komt er vaak, die beter bekendstaat onder haar artiestennaam Ruby Rubacuori en die in de vrolijke dagen van bungabungafeesten furore maakte in de slaapkamer van Berlusconi. Iedereen van naam staat te dringen om de schoonheidssalon van Stella en haar moeder te mogen bezoeken, dat is logisch.

Sinds een paar maanden werkt er een nieuw meisje. Zij heet Anna. Zij komt van Sardinië en deze baan heeft haar de gelegenheid geboden om de moedige sprong te wagen van het eiland naar de grote stad op het vaste land. Omdat zij van alle medewerksters de beste is met nagels, is zij Stella's vriendin geworden.

De schoonheidssalon is sinds begin maart gesloten. Anna zat alleen zonder familie, verloofde en geld in haar krappe huurflatje in de stad, die ze eigenlijk helemaal niet kende. Toen werd haar vader ziek. Hij werd met een lelijke longontsteking opgenomen in het ziekenhuis. Anna kreeg toestemming van de autoriteiten om naar Sardinië te reizen. Er gaan nog veerboten voor de vrachtwagens. Ze kwam net op tijd om haar moeder te troosten, terwijl haar vader in strikt isolement lag te sterven. Ze heeft hem niet meer kunnen zien.

'Weet je wat ik nu eigenlijk het liefste zou willen?' zei ze tegen Stella aan de telefoon. 'Werken. Dat zou mij tenminste afleiden. Maar wie weet wanneer de schoonheidssalon weer open mag. En als hij opengaat, weet ik niet eens of ik wel naar Genua kan komen. Ik heb geen geld meer. Ik heb een uitkering aangevraagd, maar er zijn te veel aanvragen. De staat is totaal overvoerd. Intussen loopt mijn huur in Genua ook gewoon door. Kun je misschien iets liefs zeggen?'

DAG VIERENVEERTIG

Genua,
donderdag 23 april 2020

Verliefdheid is een risicofactor. Er worden opvallend veel tieners beboet. Ze wonen thuis, de scholen zijn dicht, het is verboden om bij iemand op bezoek te gaan en dit alles is onverdraaglijk wanneer je verliefd bent. Ze riskeren de patrouilles om hun prille liefdes niet te laten verleppen. Kalverliefde is heroïscher dan ooit.

De minder dapperen spreken af in de supermarkt om ongezien achter de schappen met zoetwaren de verplichte meter afstand te negeren.

Onze vriendin Alessandra, de Napolitaanse brandweercommandante, woont met haar zeventienjarige dochter Silvia op Corso Monte Grappa. Silvia heeft een vriend. Hun liefde is zo gretig en wanhopig als alleen zeventienjarigen kunnen begrijpen. Maar hij woont in de wijk Sturla. Zij heeft een list verzonnen om hem te kunnen zien. Op haar *autodichiarazione* heeft ze zijn adres als residentie opgegeven en Alessandra als reden van verplaatsing. Als ze op haar scooter door de patrouilles wordt aangehouden, is ze volgens haar document ofwel op weg naar haar huis in Sturla, ofwel op weg om haar oude moeder op Corso Monte Grappa te gaan verzorgen.

De spanning van deze illegale dates is een van de weinige lichtpuntjes voor wie in deze tijd jong is. Tien miljoen

Italianen leven inmiddels onder de armoedegrens. Naar schatting de helft van alle bars en restaurants zal de rolluiken niet meer opentrekken. Zestig procent van alle jongeren is uitgesproken pessimistisch over de toekomst.

Vlak buiten Milaan is Campo 87 geopend, een verlaten veld dat dient als massagraf voor slachtoffers van het virus die niet door dierbaren worden geclaimd, omdat ook zij al aan het virus zijn bezweken.

De apotheek onder het huis van Stella's moeder heeft een tekstbalk aan de gevel, waarover normaal gesproken aanbiedingen scrollen. Nu loopt daar al dagen de Latijnse tekst van het Ave Maria in groene neonletters.

DAG VIJFENVEERTIG

Genua,
vrijdag 24 april 2020

Eindelijk beginnen de grafieken te doen wat wij willen. We hebben alles ervoor opgeofferd, onze baan, onze ontspanning en het contact met onze ouders en vrienden, en we hebben onze grondrechten, onze democratie en onze toekomst opgegeven met uitsluitend dit ene doel voor ogen: de controle herwinnen over de grafieken. Eindelijk is dat aan het lukken. De aantallen besmettingen en dodelijke slachtoffers nemen af in Italië. We kunnen vraagtekens zetten bij alle cijfers, maar dat was eerder ook al zo en de onbetrouwbare cijfers van nu zijn onmiskenbaar lager dan de onbetrouwbare cijfers van weleer.

We hebben onszelf wijsgemaakt dat we offers brachten om levens te redden. We zeiden dat we het virus moesten verslaan. Maar daar ging het allemaal niet om. Het ging om de controle.

Sinds we God op non-actief hebben gesteld en hem zijn schepping uit de handen hebben gerukt, zijn we ons meesters van ons lot gaan wanen. Het leven was maakbaar en zelfs de dood zetten we naar onze hand. Lijden was achterhaald en geluk op bestelling leverbaar. We temden de grilligheid van toeval, elimineerden risico's en streefden naar totale controle over alles.

Eén lullig, microscopisch klein virus sloeg onze illusie

van controle aan diggelen. Dat verklaarde onze paniek en onze buitensporig hevige reactie. We probeerden de controle te herwinnen door alles wat we maar konden bedenken onder draconische controle te brengen. We moesten en zouden laten zien dat wij de baas waren.

Er is opwinding en ongeduld in de stad. Men gaat ervan uit dat de huidige maatregelen op 3 mei niet zullen worden verlengd. Men staat te popelen om weer te leven.

Maar het virus is niet verslagen. Wanneer wij de controle over de grafieken opgeven, wil dat niet zeggen dat wij onze oude illusie van controle hervinden.

DAG ZESENVEERTIG

Genua,
Bevrijdingsdag,
Sint-Marcus,
zaterdag 25 april 2020

Op woensdag 25 april 1945 nam het Italiaanse verzet in naam van het Italiaanse volk de macht over van wat er nog resteerde van het fascistische regime en de Duitse bezetting. Dus vandaag is het Bevrijdingsdag.

Zoals elk jaar heeft de president van de Italiaanse Republiek een krans gelegd bij het graf van de onbekende soldaat op het Altaar van het Vaderland op Piazza Venezia in Rome. Deze keer was hij moederziel alleen en droeg hij een mondkapje. Het plein was afgezet en verlaten. Ook de *corazzieri* die de erewacht vormden en de krans torsten, droegen mondkapjes onder hun wuivende helmbossen. Zoals elk jaar werd er een saluut gebracht door de Frecce Tricolori, het 313de luchtacrobatisch opleidingssquadron, dat in formatie over Rome vloog met rook in de kleuren van de Italiaanse vlag. Deze keer kon de bevolking van Rome dit spektakel uitsluitend bewonderen door het zolderraam of op YouTube.

Stella en ik zitten aan ons open raam en we horen de basdreunen van een versterkte band in de verte. Het klinkt als een bevrijdingsconcert dat ze vergeten zijn af te zeggen. Het is bevreemdend om dit ooit vertrouwde gedruis te horen. Op internet ontdekt Stella dat er een paar musici op grote afstand van elkaar in de verlaten Giardini Luzzati zijn gezet voor een speciale uitzending van het lokale televisiekanaal.

Het is wrang om de bevrijding onder huisarrest te moeten vieren. De vrijheid om te mogen staan en gaan waar we willen en om te verkeren met wie ons behaagt, met grote offers bevochten op het fascisme, hebben we zonder slag of stoot opgegeven omdat andere prioriteiten prevaleerden, net zoals toen. En evenals toen patrouilleren de ordediensten om te controleren of iedereen zich houdt aan de verordeningen die omwille van het heilige nationale belang zijn uitgevaardigd.

DAG ZEVENENVEERTIG

Genua,
derde zondag van Pasen,
26 april 2020

Het lukt me niet om poëzie te schrijven. Het lukt me niet om überhaupt iets anders te schrijven dan dit dagboek. De plicht om de leegte en mijn duizenden tegenstrijdige gedachten daarover dagelijks samen te ballen in driehonderd ware en simpele woorden is mij zelfs dierbaar geworden, omdat deze mij houvast geeft. Als je er als chroniqueur aan kunt bijdragen dat de stroperige tijd verstrijkt, dan is dat wat ik aan het doen ben.

Het helpt mij te denken dat het nuttig is om mijn lezers in het verre, nonchalante vaderland te informeren over de ontwikkelingen in Italië, dat de jammerlijke voorhoede vormt van deze strijd tegen het virus. En omdat ik nu al weet dat niemand zich over een paar jaar nog kan voorstellen wat er in deze dagen gebeurt, leg ik het vast. Voor later. Deze beide overwegingen geven mij op mijn beste momenten het gevoel dat dit dagboek relevant is, een zeldzame sensatie voor een schrijver, waarvoor ik dankbaar ben, begrijp me niet verkeerd.

Maar ik mis de zorgeloze irrelevantie van jongleren met woorden op een vrolijke ochtend in de lente terwijl de wereld rinkelt. Ik zou er veel voor overhebben om weer te mogen spelen met mijn pen op een gonzend terras, in plaats van haar plichtsgetrouw in dienst te stellen van de noodzaak om over al deze eentonige ellende op te schrijven hoe het echt is.

Iemand heeft eens gezegd dat de bezigheid van poëzie schrijven voor negentig procent bestaat uit pogingen om in de stemming te komen om poëzie te schrijven. Mij lukt het niet in deze dagen. Die stemming is te fragiel om stand te kunnen houden tegen alle nieuwe gedachten.

Ik moet naar buiten. Ik moet koffiedrinken in de zon met honderden stemmen om mij heen die mij afleiden en leven influisteren.

DAG ACHTENVEERTIG

Genua,
maandag 27 april 2020

Er begint een verwarrende situatie te ontstaan, omdat de quarantaineregels worden uitgevaardigd door de regering in Rome, terwijl verschillende regio's de vrijheid opeisen om daar op punten van af te wijken.

Giovanni Toti, gouverneur van de regio Ligurië, die van een partij is die in Rome oppositie voert en die bovendien in de campagnemodus staat voor zijn herverkiezing, is op de besluiten van de regering vooruitgelopen en heeft ons alvast een paar cadeautjes gegeven. In Ligurië mogen we weer vissen en paardrijden. Bovendien mogen we met ingang van vandaag weer wandelen. Oorspronkelijk was er sprake van een beperking van een straal van één kilometer rond ons huis, maar in het definitieve decreet is die niet terug te vinden.

Gisterenavond sprak premier Giuseppe Conte het volk toe. Stella en ik hebben zijn ernstige redevoering live gevolgd. Op 4 mei gaat fase twee in, zo zei hij, de fase waarin wij moeten leren samen te leven met het virus. De beperkingen voor fabrieken en groothandel worden opgeheven en familiebezoek wordt weer toegestaan. Restaurants mogen afhaalpunten openen. Zelfs met deze aanstaande versoepelingen blijft de lockdown nog altijd aanzienlijk strenger dan in de meeste andere landen.

De heropening van de winkels, onder strikte voorwaarden en met verregaande veiligheidsnormen, is voorzien voor 18 mei. Restaurants en bars blijven, afgezien van de mogelijkheid tot takeaway, in ieder geval gesloten tot 1 juni. De scholen heropenen pas weer in september.

De verspreiding van het virus zal weer toenemen, zei Conte. Dat is onvermijdelijk. Zodra de toename een kritiek punt nadert, zullen de versoepelingen worden teruggedraaid. Van een overgang naar fase drie kan pas sprake zijn wanneer er een vaccin is.

Ik viel ten prooi aan een depressie, omdat ik besefte dat de premier gelijk had. Dit gaat nog heel lang duren.

DAG NEGENENVEERTIG

Genua,
dinsdag 28 april 2020

Het is het principe van iemand die een drukke weg wil oversteken, als ik een anachronistische vergelijking mag gebruiken. Hij wacht tot er genoeg ruimte valt tussen de passerende auto's om veilig aan de overkant te geraken. Maar als het te lang duurt, past hij zijn norm aan. Dan is een kleiner gaatje misschien toch alsnog voldoende om de oversteek te wagen. Precies zo zie ik hoop in steeds kleinere dingen.

Stella's moeder is voor het eerst weer buiten geweest. Ze had sinds begin maart opgesloten gezeten in haar huis. Ze werd er gek van. Stella had een FFP2-mondmasker voor haar gevonden en ze waagde het erop. Wij gingen mee om haar te beschermen tegen onverhoedse kuchjes van passanten.

Het lukte ons om drie verschillende winkeltjes te bezoeken op honderd meter van haar huis. Stella's moeder bleef buiten op straat en gaf haar bestellingen door aan Stella, die binnen in het risicogebied zakendeed. Stella had drie soorten ontsmettingsmiddel bij zich, waarmee ze de boodschappentasjes en het wisselgeld besproeide. De expeditie duurde een uur en toen was Stella's moeder de uitputting nabij. Maar ze is buiten geweest.

De nieuwe brug is af. Vandaag om twaalf uur werd de

laatste module geplaatst van het wegdek van het door Renzo Piano ontworpen viaduct over het dal van de Polcevera ter vervanging van Ponte Morandi, die op 14 augustus 2018 is ingestort. De premier was gekomen en hij sprak woorden van hoop, waarin hij de nieuwe brug interpreteerde als een symbool van de veerkracht van Italië en van de wil en het vermogen om het land na tegenslag weer op te bouwen. De sirene van de bouwplaats bracht een saluut, simultaan met de scheepshoorns van alle boten in de haven. We hoorden het thuis door de open ramen. Alle kerkklokken beierden.

DAG VIJFTIG

Genua,
Sint-Catherina van Siena,
beschermheilige van Italië en van Europa,
woensdag 29 april 2020

Onze koelkast heeft het begeven. Als dit tijdens ons vroegere, mondaine leven was gebeurd, zou ik waarschijnlijk niet de noodzaak hebben gevoeld om dit te melden, want er gebeurden toen wel spannendere dingen. We hadden in die tijd niet eens echt een koelkast nodig. Stella en ik gingen drie keer per dag uit eten, hetgeen in Italië niet overdreven begrotelijk hoeft te zijn, en als we een keer om gek te doen thuis gingen koken, gooiden we op weg naar huis haastig aangeschafte verse producten in de pan.

In onze quarantaine, die een uitgekiend beheer van voorraden vergt, is een defecte koelkast een serieus probleem. Bovendien is het spannend, want waar haal je op korte termijn een nieuwe koelkast vandaan als alle winkels gesloten zijn? Na lang googelen en herhaaldelijk bellen vond Stella een leverancier die hopelijk deze week nog kan bezorgen.

Maar ook dat bezorgen vormt een probleem. Onder normale omstandigheden zouden ze de nieuwe koelkast alle trappen op sjouwen en installeren, waarna ze de defecte zouden afvoeren. Maar volgens de huidige regels mogen de bezorgers ons huis niet in. Ze mogen niet eens het trappenhuis betreden. Ze zullen de nieuwe koelkast afleveren op straat voor onze voordeur en zullen de oude alleen dan kunnen meenemen wanneer wij die zelf naar beneden brengen. Het is een grote koelkast en er moet een grote voor in de plaats komen. En we kunnen geen vrienden bellen om ons te helpen, want dat mogen ze niet.

Terwijl ik rustig wil peinzen over de mogelijke sociale, economische en geopolitieke gevolgen van het virus, word ik bij voortduring hinderlijk onderbroken door pietluttigheden in het dagelijks leven die met dank aan het virus uitgroeien tot schier onoplosbare kwesties. En dan zeggen ze dat de quarantaine tijd schenkt om na te denken.

DAG EENENVIJFTIG

Genua,
donderdag 30 april 2020

Eigenaars van barretjes en restaurants zijn wanhopig. Ze mogen op zijn vroegst pas op 1 juni heropenen. Als ze tot die tijd overleven, zullen ze vervolgens door alle verplichte veiligheidsmaatregelen op hooguit dertig procent van hun capaciteit kunnen werken.

Afgelopen dinsdag hebben restaurants in heel Italië de rolluiken geopend en één liefdevol ingedekt tafeltje buitengezet om te protesteren tegen de lockdown. Voor veel etablissementen dreigt deze symbolische heropening de laatste keer te zijn dat ze open zijn geweest. Woensdag heeft de brancheorganisatie van de horeca in Milaan de sleutels van tweeduizend aangesloten restaurants teruggegeven aan de burgemeester.

In de regio Calabrië gaan ze nog een stap verder. Daar hebben ze zich, ondanks felle protesten van de regering in Rome, voorgenomen om alle bars en restaurants vanaf vandaag weer als vanouds te openen. Ik zou er graag naartoe gaan om te zien of dat ook daadwerkelijk is gebeurd.

De toekomst van onze dierbare taveernes en trattoria's is, voor zover ze een toekomst hebben, nu al af te leiden uit de realiteit in de ooit met liefde ingerichte bakkerijtjes en ambachtelijke slagerijen, waar met ducttape opdringerige strepen zijn getrokken over de antieke marmeren vloeren en waar spatschermen, plexiglas en afneembare folie overheersen.

Elegantie is een herinnering geworden. Niemand kleedt zich nog voor de opera, want de opera is achtergebleven in de geschiedenis. De dames van Genua gaan over straat als nachtzusters in praktische, makkelijk wasbare hobbezakken. Niemand draagt ringen over latex wegwerphandschoenen. Niemand draagt lippenstift achter een mondkapje. En we zullen dineren in steriele ziekenhuiskantines.

We wonen opeens in een wereld die is vormgegeven door medici en daar overleeft niets dan hygiënische lelijkheid. Het offer van pracht, luister en staatsie is onacceptabel. Als ik zou moeten kiezen tussen esthetiek en de volksgezondheid, zou ik graag met *splendeur* en schittering sterven.

DAG TWEEËNVIJFTIG

Genua,
Dag van de Arbeid,
Sint-Jozef werkman,
vrijdag 1 mei 2020

Ik heb opeens een onstilbare voorkeur ontwikkeld voor Italiaanse barokmuziek. Ik hoop niet dat het een van de symptomen is. Je leest de raarste dingen.

Vroeger interesseerde de barok mij niet. Wat klassieke muziek betreft, ging mijn voorliefde altijd uit naar complexe, ontwortelende meesterwerken uit de twintigste eeuw. Alles vóór Stravinsky en de Tweede Weense School vond ik voorspelbaar. Maar nu graaf ik in de krochten van mijn iTunesabonnement om uitvoeringen te vinden van vooral vocale stukken van componisten als Alessandro Stradella, Francesco Cavalli en Marco Giuseppe Peranda. Palestrina, Pergolesi en Monteverdi mogen ook meedoen. Ik vind het nog steeds ongelooflijk voorspelbare muziek, maar ik ben bang dat dat nu precies is wat mij eraan bevalt en wat voor mij in een behoefte voorziet. Het ontroert me zelfs.

Het is een van de paradoxen van deze quarantaine. Alle dagen zijn eender, maar alles is vreemd en onzeker. De etmalen verglijden volgens een onveranderlijk stramien, maar ik heb behoefte aan houvast. Daarom bieden solide muzikale structuren mij troost.

Sinds een week heeft een van onze buren de gewoonte ontwikkeld om elke avond om halftien zijn speakers voor de open ramen te zetten en drie liederen over het pleintje te laten galmen, steeds weer dezelfde drie in dezelfde volgorde: eerst de aria 'Nessun dorma' uit de opera *Turandot* van Giacomo Puccini, die in crescendo eindigt met de als een zelfhypnose herhaalde verzekering 'Vincerò', dan de hymne van Mameli, het Italiaanse volkslied, en ten slotte een sobere instrumentale versie met een melancholische trompetsolo van het officieuze volkslied van Genua, 'Ma se ghe pensu'. Steeds weer deze drie.

Het zijn, met een kleine omkering van de canonieke volgorde, hoop, geloof en liefde die de buurman genereus uit zijn speakers laat schallen. Het is een moment op de dag geworden waar ik naar uitzie.

DAG DRIEËNVIJFTIG

Genua,
zaterdag 2 mei 2020

Ik lees alles over het virus, inclusief alle berichten over mensen die alles over het virus lezen en daar niet gelukkiger van worden. Maar ik heb in deze tijden van stilstand weinig anders te doen dan mijzelf ongelukkig maken.

Het enige wat zeker is met betrekking tot het virus, is dat het een virus is. Geleerden begrijpen precies hoe het in elkaar zit. Maar al het overige is onduidelijk. We begrijpen niet waarom sommige mensen heel erg ziek worden en anderen niet. Het is niet duidelijk of onze modellen te optimistisch zijn of te pessimistisch. Niemand weet precies hoe besmettelijk en hoe dodelijk het virus is. Wereldwijd zijn er minstens drie miljoen mensen besmet geraakt in vier maanden, maar niemand kent de exacte getallen. Het is onzeker hoelang sociale restricties gehandhaafd moeten blijven. Het is zelfs onduidelijk waarom er nog steeds zoveel fundamentele vragen over het virus onbeantwoord zijn.

De pandemie voltrekt zich als een onzichtbare ramp in slow motion. Bij echte mannelijke rampen, zoals aardbevingen of overstromingen, die zich niet schijterig aan het zicht onttrekken zoals dit laffe virus, heb je al vrij snel door wat er aan de hand is en wat je eventueel zou kunnen doen. Nu zitten we stil in isolement in een situatie van aanhoudende onzekerheid en het enige wat we kunnen doen om grip te krijgen op de situatie is onze onzekerheid verergeren door ons als een boulimiepatiënt ziek te vreten aan tegenstrijdige berichten.

Maandag mogen onze bouwvakkers weer aan het werk. Gelukkig kan er weer iets bewegen in deze impasse. Stella en ik vluchten in gedachten naar het nieuwe huis, dat we voltijds en telkens weer opnieuw samen aan het vormgeven en aan het inrichten zijn. De droom van de toekomst in ons palazzo is onze enige uitweg uit dit permanente heden.

DAG VIERENVIJFTIG

Genua,
Sint-Filippus en Jakobus,
vierde zondag van Pasen,
3 mei 2020

Maandag 4 mei is de beloofde dag. Alle eerdere data waarvoor versoepelingen van de quarantaine waren beloofd, werden uitgesteld, zoals een fata morgana waar je door het dorstige woestijnzand naartoe kruipt net zo ver weg blijkt als eerst wanneer je er eindelijk dacht te zijn.

Nu gaat het door, al verandert er weinig. Productie en groothandel worden hervat. Winkels, bars, restaurants en scholen blijven gesloten. We mogen ons nog steeds niet zonder dwingende reden buitenshuis begeven. Mondkapjes worden verplicht.

We mogen onze 'verwanten' weer bezoeken. Na een surrealistisch semantisch debat in de media heeft de regering verduidelijkt wie er als verwant kan worden aangemerkt: bloedverwanten tot in de zesde graad, aangetrouwde familie tot in de vierde graad en stabiele relaties, waarbij wordt aangetekend dat vriendschappen niet onder stabiele relaties vallen. Familiebezoek is alleen toegestaan als het resulteert in een ontmoeting tussen maximaal twee personen. Mondkapjes zijn hierbij verplicht.

Het verwarrende is dat de regio's eigen decreten uitvaardigen. Onze eigen gouverneur heeft direct na de Bevrijdingsdag op 25 april doelloze wandelingetjes toegestaan. Zaterdag was ik even buiten. Het was een schitterende dag. Op Via San Lorenzo en bij Porto Antico was de doelloosheid overweldigend. Hele gezinnen flaneerden in de zon. Alle rolluiken waren dicht, maar verder was het net een normale zonnige zaterdag.

De afgelopen week is het aantal besmettingen in Ligurië meer toegenomen dan elders in Italië. Tachtig burgemeesters hebben een brief gestuurd aan gouverneur Toti met de smeekbede om de regionale versoepeling terug te draaien. Maar Toti zegt dat de gemeten toename komt doordat er meer is getest in bejaardentehuizen.

Bij al deze verwarring wordt er ook nog gewaarschuwd dat anarchisten en hooligans zich via de berichtendienst Telegram aan het organiseren zijn om op 4 mei massaal te protesteren tegen de quarantaine.

DAG VIJFENVIJFTIG

Genua,
maandag 4 mei 2020

Sinds vandaag leven we in fase twee, zoals onze premier dat noemt. Vierenvijftig dagen lang hebben we het virus bestreden met een volledige lockdown en nu is de fase aangebroken waarin we met het virus moeten leren samenleven.

Er bestond vroeger een sport die voetbal heette en die zich in Italië en wereldwijd in een zekere populariteit kon verheugen. In het voetbal was er één spelsituatie waarbij beide teams tevreden waren: de hoekschop. De spelers van het verdedigende team applaudisseerden voor hun medespeler die ten koste van een hoekschop erger had voorkomen, en de aanvallers klapten omdat er een hoekschop was versierd.

Deze tweede fase van de quarantaine is het tegenovergestelde van die spelsituatie. Niemand is tevreden. Bij de volledige lockdown, die tot gisteren duurde, was het duidelijk. Wie vond dat het virus bedwongen moest worden, was blij, de anderen mokten. Nu zien degenen die nog steeds bang zijn voor het virus tot hun afgrijzen steeds meer mensen op straat, terwijl degenen die niet kunnen wachten op het herstel van het vrolijke leven, nog steeds gefrustreerd zijn over te veel restricties.

Barretjes mogen vanaf vandaag afhaalpunten openen. Ik

ging naar Douce op Piazza Matteotti. De ingang was geblokkeerd met een tafeltje. Een serveerster met mondkapje en handschoenen nam de bestelling op. Ik wachtte buiten terwijl zij achter de bar mijn espresso in een kartonnen bekertje liet lopen. Ik mocht hem staande buiten op het plein opdrinken. Het was ontroerend ouderwetse espresso.

Maar verder was er niets ouderwets aan. Zo hoorde het niet te gaan. Er had gerinkel van kopjes moeten klinken. Ik had me moeten verdringen aan de bar, mijn bestelling assertief over de hoofden heen moeten schreeuwen en slap over voetbal moeten leuteren met wie er ook maar toevallig met zijn elleboog tegen mijn elleboog gedrukt stond.

DAG ZESENVIJFTIG

Genua,
dinsdag 5 mei 2020

Gisteren zijn vier miljoen Italianen weer naar hun werk gegaan. Het betreft met name werknemers in de productiesector. Zoals verwacht leidde dat tot problemen in het openbaar vervoer. Als de verplichte afstand van een meter wordt gerespecteerd, is de maximale capaciteit van de bussen twintig procent van hun ouderwetse capaciteit. Stoelen zijn afgeplakt met verbodsstickers om te voorkomen dat passagiers te dicht bij elkaar gaan zitten. Maar voor de staanplaatsen zijn er geen duidelijke regels en sommige bussen waren gisteren voor dertig procent gevuld. Er worden nu personentellers bij de ingang geïnstalleerd. Hoe mensen op hun werk moeten komen als de teller het maximum aangeeft, is onduidelijk.

Genua heeft het specifieke probleem dat hele wijken van de stad op heuvelachtig terrein zijn gebouwd. Alleen minibusjes kunnen de haarspeldbochten in de steile straten ronden. Ander vervoer is er niet en in die minibusjes blijkt het onmogelijk om veilige afstanden te respecteren.

Iedereen is zo hard bezig met het bedenken van oplossingen voor de ontelbare problemen in de wereld na het virus, dat we bijna zouden vergeten dat het virus nog altijd rondwaart. Dat het uit de mode begint te raken, maakt het niet minder dodelijk.

Roberta Arecco is bodybuilder. Ze is bij de IFBB Diamond Cup in Rome in 2018 zevende van Europa geworden in de masterscategorie. Dat is niet belangrijk voor het verhaal, maar het zou onrechtvaardig zijn het niet te vermelden. Stella kent haar uit de schoonheidssalon op Via San Lorenzo. Roberta's moeder moest naar het ziekenhuis vanwege urgente gezondheidsproblemen die niets met het virus te maken hadden. In het ziekenhuis is ze besmet geraakt. Ze is gisteren overleden, op de dag die velen beschouwden als de eerste dag van de herwonnen normaliteit. Roberta heeft haar moeder sinds haar ziekenhuisopname niet meer kunnen zien. Er is geen begrafenis.

DAG ZEVENENVIJFTIG

Genua,
woensdag 6 mei 2020

Hoewel de versoepelingen van de quarantaine die sinds het begin van deze week van kracht zijn en de concessies die de beleidsbepalende virologen hebben gedaan aan onze levenslust minimaal zijn, lijken we te zijn ontwaakt in een andere wereld.

Vanochtend ging ik naar de Prodet op Via San Luca om wc-papier te kopen van ons favoriete merk Regina, alsmede keukenfolie, om schaaltjes vol lekkers mee af te dekken die wij in onze nieuwe koelkast kunnen zetten, die gisteren is bezorgd, en wattenschijfjes en andere belangrijke dingen voor Stella.

Het was warm. Ik knipperde met mijn ogen vanwege de zon en de drukte op straat. Mijn favoriete bar op Piazza delle Erbe had een afhaalpunt geopend. Ik stond mijzelf een espresso toe in een kartonnen bekertje en er was gelegenheid voor een praatje met Deborah, de uitbaatster.

'Dit heeft natuurlijk totaal geen zin,' zei ze stralend achter haar mondkapje. 'Ik verkoop misschien tien kopjes koffie per dag. Maar ik ben zo blij dat ik weer kan beginnen te hopen op een nieuw begin.'

Vrienden uit Rome vertellen ons dat het daar nog steeds uitgestorven is op straat. Er woont nauwelijks nog iemand in het centrum en toeristen zijn er niet. Maar de steegjes van het oude centrum van Genua worden geleefd. Iedereen was tevoorschijn gekropen om gemaskerd rond te scharrelen en fragmenten van het oude leven te heroveren. Ik kwam veel bekenden tegen. Zelfs de malafide makelaar met wie we in een rechtszaak zijn verwikkeld, groette ik van pure verrukking uitbundig.

'Toch is het een mooie puinhoop,' zei mijn tabaksboer. 'Ik werk voor dertig procent en ik behoor tot de gelukkigen. Ik had hier vanochtend een restauranteigenaar. Hij had tranen in zijn ogen. Zijn hele levenswerk – enfin. Nee, ik zeg je niet wie het was. Maar je weet wie het was.'

DAG ACHTENVIJFTIG

Genua,
donderdag 7 mei 2020

Stella en ik hadden een afspraak in de studio van onze bevriende architect Massimo. Het was een zakelijke afspraak, dus het was toegestaan. Ook achter de gesloten deur van zijn ruime kantoor hielden we alle drie onze mondkapjes op, zoals de wet voorschrijft. Na afloop gingen we koffie halen bij de bar van Pucci, die een afhaalpunt had geopend.

'De mensen hebben een gevangenis in hun hoofd,' zei Pucci door haar mondkapje heen. 'Ze leven achter de tralies van hun eigen onzekerheid en angsten. Kijk hoe ze over straat lopen. Met elke stap zijn ze bang om iets fout te doen, om risico te lopen op besmetting of, erger nog, om een van de talloze regels te overtreden van de regeringsdecreten.'

Haar compagnon Giovanni knikte. Zijn masker ritselde over zijn baard. 'Ik ben geboren en opgegroeid in Zuid-Amerika,' zei hij. 'Ik heb een dictatuur meegemaakt. Maar zoiets als dit heb ik nog nooit eerder gezien.'

'Zie je dat licht?' zei Massimo. Zoals een rossige glans zich met het verstrijken van eeuwen meester maakt van antieke vergulde lijsten, zo viel het strijklicht van de namiddagzon van mei over de pokdalige gevels van Piazza di Soziglia. 'Dit is het mooiste licht van het jaar. En wij staan onder huisarrest.'

Nu er meer mensen op straat zijn, is ook de absurditeit zichtbaarder. Lange tijd waren we veilig weggeborgen voor de nieuwe realiteit, maar nu we de stad opnieuw koloniseren met nieuwe angsten en voorschriften, beseffen we pas dat alles is veranderd.

Later ging ik naar het afhaalpunt van Deborahs bar op Piazza delle Erbe. 'Je moet overal op letten,' zei ze. 'Houden de mensen wel afstand? Gebruiken ze de handgel wel? Dodelijk vermoeiend is het. Maar vandaag gaat het goed.' Ze lachte. 'Jij bent tot nu toe mijn enige klant van vanmiddag.'

DAG NEGENENVIJFTIG

Genua,
vrijdag 8 mei 2020

Vandaag was het warm, op een goede, rondborstige manier. Overtuigend weer, dat blakend van zelfvertrouwen bezit had genomen van de stad alsof het was gekomen om orde op zaken te stellen.

In de oude wereld zou dit een zoemende dag zijn geweest om te laten verwaaien op de terrassen in de schaduw. Tegen het eind van de middag zou ik met Stella naar zee gaan en na het zwemmen focaccia al formaggio eten bij Il Focone in Quarto op het balkon boven het strand. We zouden besluiten hand in hand terug te lopen via Vernazzola en Boccadasse en na tien minuten toch maar een taxi bellen om nog wat te drinken op het pleintje onder ons huis.

Gemaskerd maakte ik mijn ronde langs de bakker, de slager en de groenteboer. Geroutineerd schikte ik mij naar de voorschriften.

Er bestond een nieuwe verleiding. Sinds maandag was er iets kleins wat enorm was en weer mocht. Ik had er al een paar keer op fluistertoon met Stella over gesproken, maar zij durfde nog niet. Het was warm.

'Dat heb je al gezegd,' zei Stella. 'Ga maar. Ik weet dat je niet meer kunt wachten.'

Ik dacht na wat ik zou kiezen. Het was tenslotte een historisch moment. Maar juist daarom moest ik misschien niet nadenken en kiezen wat ik vroeger altijd koos in de tijd dat er heel andere zaken waren om over na te denken.

'*Nocciolos*o en stracciatella,' fluisterde ik door mijn mondkapje heen.

Aldus nuttigde ik heden, op vrijdag 8 mei, mijn eerste ijsje van het jaar met mijn mondkapje om mijn nek voor de deur van mijn favoriete ijssalon op een verlaten en zonovergoten Piazza delle Erbe. Ik at het veel te snel op, want het voelde alsof ik iets illegaals aan het doen was.

DAG ZESTIG

Genua,
zaterdag 9 mei 2020

Ik had van mezelf gehoopt dat ik kon navigeren in onbekende wateren en dat ik ook in ongehoorde situaties in staat zou zijn tot een adequate analyse, maar dat valt in de praktijk vies tegen.

Ik las artikelen terug die ik een paar maanden geleden schreef voor HP/*De Tijd*. Op 26 februari schreef ik voor het eerst over het virus. Hele dorpen in Lombardije waren toen al van de buitenwereld afgesloten. Ik maakte mij vrolijk over de massahysterie en noemde het virus een griepje. 'Het is een wrede speling van het lot dat dit griepje nu juist Italië moet treffen,' schreef ik, 'het land van de hypochonders, waar meer apotheken zijn dan ziekten.'

Een week later had premier Conte regels voor sociale distantie geïntroduceerd en op 4 maart schreef ik daar een badinerende column over. Nog een week later zag ik het pas. Op 11 maart bood ik mijn verontschuldigingen aan. 'Twee weken geleden bestonden twee scholen. Er waren mensen die de ernst van de situatie benadrukten en er was de relativerende school van laconieke lieden die de onrust hoofdschuddend gadesloegen, waartoe ik zelf behoorde. Ik dacht, zoals zovelen, dat het virus een soort griepje was dat alleen voor ouderen en zieken een serieuze bedreiging vormde en ik meende dat alle maatregelen om verdere besmetting in te dammen nodeloos paniek veroorzaakten en zinloos waren omdat een pandemie toch niet te voorkomen zou zijn. Dat allerlaatste geloof ik misschien nog steeds, maar voor het overige zijn mij de schellen van de ogen gevallen.'

Maar nu de gevolgen van de lockdown zichtbaar worden, begin ik mij op zwakke momenten af te vragen of ik aanvankelijk niet toch gelijk had en of de massale paniek niet schadelijker is gebleken dan het virus en ik weet niet of ik mij daarvoor moet schamen.

DAG EENENZESTIG

Genua,
vijfde zondag van Pasen,
10 mei 2020

Alsof het een normale zondag was, ontmoetten we Stella's moeder, Stella's tweelingzus Sara en haar man Andrea. Zij waren helemaal vanaf Via Trento komen lopen naar het centrum, want ze beschouwen het openbaar vervoer of taxi's als een te groot risico.

We haalden koffie bij het afhaalpunt van Capitan Baliano op Piazza Matteotti. Staande op straat nipten we van de kartonnen bekertjes, 'als aardbevingsslachtoffers', zoals de moeder van Stella dat uitdrukte. Ze droeg een mosgroen zijden ensemble dat fraai kleurde bij haar masker.

Sara vertelde over het ziekenhuis. Zij is radiologe. Het ergste is voorbij. Maar er zijn nog steeds elke dag verse hopeloze gevallen. Er gaan nog steeds elke dag mensen dood. Haar collega's zijn uitgeput. Het grootste probleem is dat er hele wachtlijsten opdoemen met vergeten en bange patiënten die dreigen te bezwijken aan ouderwetse ziekten en uitgestelde kuren en operaties. Ze proberen de traditionele zorg te hervatten op een slagveld waar de vijand nog steeds rondspookt.

Andrea, die boekhouder is, vroeg Stella of ze haar geld al had gekregen. Zij is sinds haar galerie gesloten is in cassa integrazione, zoals zovelen, wat wil zeggen dat de staat zeventig procent van haar loon zou moeten betalen. Ze heeft nog niets gezien. De aanvragen van maart moeten nog behandeld worden. Het zijn er te veel. Ze klaagt niet. Ze beseft dat zij een van de miljoenen Italianen is zonder geld.

We gingen fruit kopen voor Stella's moeder bij Carlo en Amanda. Niet dat zij fruit nodig had, maar alle leuke winkels zijn dicht, dus er viel weinig anders te shoppen.

'Hoe het gaat? *Barcollo ma non mollo*,' zei Carlo. 'Ik wankel maar ik geef niet op.'

'In ieder geval is het ergste voorbij,' zei ik.

'Dat denk ik niet,' zei Carlo. 'Het ergste moet nog komen.'

DAG TWEEËNZESTIG

Genua,
maandag 11 mei 2020

Ik wachtte in de rij voor mijn tabaksboer. Voor mij stond een restauranthouder, die ik kende van gezicht, ook al was het maar voor de helft zichtbaar boven zijn mondkapje. Hij was in gesprek met een forse man die een hoed droeg.

'Ik zal je zeggen wat het is,' zei de restauranthouder. 'Het is collectieve zelfmoord.'

'Het is oorlog,' zei de forse man.

'In tijden van oorlog sturen we sterke, gezonde mannen, die blaken van jeugd en toekomst, naar het front om hun leven te geven voor het gemeenschappelijk belang. Dit is een situatie waarin de ouderen iets terug hadden kunnen doen. Het virus had het op hen voorzien. Dit was hun oorlog. We zijn aangevallen door een virus dat voor jonge, gezonde mensen tamelijk onschadelijk is, maar de ouderen hebben geweigerd zich op te offeren voor het gemeenschappelijk belang en hebben opnieuw van de jeugd geëist dat zij haar toekomst op het spel zet om kwetsbare ouderen te ontzien.'

'Alsof jij zelf zo jong bent,' zei de forse man.

'Precies,' zei de restaurateur. 'Als ik beademd had moeten worden, zou ik hebben geweigerd. Geef mijn plek maar aan een jongere.'

'Dat zeg je nu.'

'Ik meen het. En ik wil niets zeggen, maar jij met je overgewicht...'

'Je hebt gelijk,' zei de forse man. 'Waarschijnlijk zouden ze mij niet eens hebben willen behandelen. En ik heb niets. Nog geen kuchje ontsnapt aan mijn lippen. Maar iedereen kijkt mij vuil aan, omdat ik eruitzie als een wandelende risicogroep en een gevaar vorm voor de gemeenschap. We erkennen nog maar één morele waarde en dat is de volksgezondheid. We leven in een sanitaire dictatuur. Wanneer open jij weer?'

'Heb jij de voorschriften van de INAIL gezien? Met alle nieuwe regels heeft het geen zin om te openen.'

DAG DRIEËNZESTIG

Genua,
dinsdag 12 mei 2020

Voor aanstaande maandag 18 mei is in het plan van de centrale regering in Rome de eerste significante versoepeling van de quarantaine voorzien. Dan mogen de winkels weer open. De afgelopen dagen is de centrumlinkse regering blootgesteld aan stevige pressie van de regio's, en met name van de regio's die bestuurd worden door centrumrechts, die de autonomie voor zichzelf opeisen om van de regeringsrichtlijn af te wijken. Ze willen sneller meer toestaan, want de volksgezondheid is natuurlijk best belangrijk, maar de publieke opinie is net even iets belangrijker.

Voor zover de publieke opinie is gebaseerd op feiten, kan men begrip opbrengen voor de publieke opinie. De verwachting was dat de Italiaanse industrie door de sluiting van het land achttien procent minder zou produceren. Volgens recente berekeningen van het Italiaanse statistische instituut Istat is de werkelijke productiedaling nu al dertig procent.

Onze regio Ligurië is in handen van centrumrechts en bovendien zijn er in juli verkiezingen, als die doorgaan. Onze regiopresident Giovanni Toti heeft de afgelopen maanden geen minuut besteed aan beheersing van de crisis en zijn volledige denkkracht geïnvesteerd in zijn Facebookaccount en strategieën om electoraal munt te slaan uit de noodsituatie.

Hij wil de stranden weer openen, want Ligurië ligt aan zee en het begint warm te worden. Voor de weinige gratis stranden wordt reservering verplicht. Badhanddoeken moeten twee meter van elkaar worden neergevlijd. Mondkapjes zijn verplicht.

Voor de strandtenten gelden nog strengere regels. Er zal een elektronische armband worden ingevoerd om sociale distantie te garanderen. Badmeesters mogen na eventuele reddingsoperaties geen mond-op-mondbeademing meer toepassen.

'Imbecielen,' zegt Stella. 'Hebben ze nog niet begrepen dat er dit jaar niemand naar het strand kan? Het is een bakplaat voor bejaarden.'

Veel uitbaters hebben al aangekondigd dat ze niet heropenen, omdat ze bang zijn voor schadeclaims als iemand besmet raakt.

DAG VIERENZESTIG

Genua,
woensdag 13 mei 2020

Omdat niemand in deze verwarrende tussentijd tussen totale stilstand en de belofte van verandering nog weet wat normaal is, heeft men massaal de hoop gevestigd op het verleden, alsof het de Messias is. Binnenkort zal het verleden terugkeren op aarde. Dan zullen we worden beloond voor onze vasthoudendheid en ons onwankelbare geloof in vroeger en zal de glorietijd aanbreken waarin alles weer zal zijn zoals het was.

De kappers, die ondanks alle risico's misschien maandag weer mogen openen, zijn jubelend voor de komende maand volgeboekt.

De stad zucht onder de voorschriften en wordt bewoond door halve gezichten met bange ogen. Er ligt een grauwe sluier van gedoe over de dingen. Alles wat leuk was, is niet meer en zal niet meer leuk zijn als het ooit terugkomt.

Het net geopende afhaalpunt in Deborahs bar op Piazza delle Erbe is alweer gesloten. Het heeft geen zin, schreef ze mij via WhatsApp. Bovendien heeft ze geen tijd, want als ze maandag echt open mag, moet ze voor maandag haar lokaal verbouwen om aan alle sanitaire eisen te voldoen. Ze stuurde mij een plattegrondje van haar aangepaste terras. Waar voorheen honderd zitplaatsen waren aan de tafeltjes en op vrolijke vrijdagavonden nog eens minstens honderd uitgedoste meisjes en uitgelaten jongens met veelkleurige cocktails in hun hand bijeengeklit stonden te flirten en te dromen van een avontuurlijke slaapplaats, zal onder het kille regime van de virologen plek zijn voor precies zestien gasten, wier hunkeringen en hormonen zullen zijn ingekapseld door schermen van plexiglas. En Debòrah moet flinke investeringen doen om met een fractie van haar vroegere capaciteit te mogen werken. Plexiglas is duur.

Ik ben bang dat de normaliteit waarop we ons verheugen al hier is. Leven wordt levensgevaarlijk gevonden en zal vanwege besmettingsgevaar worden gesteriliseerd. Ik ben bang dat vroeger voorbij is.

DAG VIJFENZESTIG

Genua,
Sint-Matthias,
donderdag 14 mei 2020

De straatmuzikanten zijn teruggekeerd, althans een van hen, en helaas niet de beste. Op Via San Lorenzo naast de kathedraal zat de gammele, levensmoede Roemeen met zijn elektronisch versterkte trekzak en zijn repertoire van drie nummertjes, die hij ondanks jarenlange exclusieve toewijding nog steeds niet onder de knie heeft. Zijn mondkapje hing als een slabbetje aan zijn oor. Het was een ontroerend moment dat ik mij meteen als vanouds aan hem ergerde.

Hoewel alle winkels die geen levensmiddelen of medicijnen verkopen nog steeds dicht zijn, is het net zo druk op straat als ik mij kan herinneren van vroeger. Een meter afstand houden is onmogelijk in de smalle steegjes van de oude binnenstad, maar daar lijkt niemand van wakker te liggen. Iedereen draagt mondkapjes, maar volgens mij gelooft niemand er echt in. Ze laten ze onder hun kin bungelen en trekken hem alleen even omhoog wanneer ze politie zien. Voor sommigen is het masker een modieuze accessoire geworden. Ik zie steeds vaker kleurige exemplaren met een geraffineerd design. Ook ikzelf heb de noodzaak gevoeld om een door een Milanees modehuis ontworpen mondkapje met gouden pailletten te laten bezorgen. We zijn hier wel in Italië.

Het virus is binnengedrongen in de gevangenis van Marassi. Zeventien gedetineerden zijn besmet. Ze zijn geïsoleerd. Ze zijn driedubbel gevangen, want afgezonderd van degenen die zijn afgesloten van een onvrije wereld. Als ze zouden weten te ontsnappen, zouden ze niet veel beter af zijn, ook al doen we hier allemaal net alsof we vrij zijn.

De World Health Organization heeft gisteren gezegd dat het virus misschien nooit meer zal verdwijnen. Zij waarschuwt dat angst, onzekerheid en isolement een gevaar kunnen gaan vormen voor de geestelijke gezondheid van de wereldbevolking. Wie niet ziek wordt, wordt langzaam gek. Bij mij is het volgens mij al begonnen.

DAG ZESENZESTIG

Genua,
vrijdag 15 mei 2020

Volgens gegevens van de Kamer van Koophandel zijn er in de eerste drie maanden van dit jaar alleen al in onze regio Ligurië, met anderhalf miljoen inwoners een van de kleinere regio's in Italië, 3773 bedrijven verdwenen. De faillissementen van april en begin mei zijn in dit kwartaalcijfer nog niet meegeteld en de problemen zullen niet verdwijnen wanneer de winkels volgende week weer open mogen.

Handwerkslieden, winkeliers, handelaars, restaurateurs, barmannen en herbergiers hebben zich verenigd in de Rolluikenbeweging. Ze eisen opschorting van de huur en belastingen en een tegemoetkoming in de personeelskosten en kondigen protest aan. 'Het echte probleem,' aldus de zegsman van de Rolluikenbeweging, 'is dat de vraag is weggevallen. We kunnen wel openen, maar onze klanten hebben geen lire om te spenderen.'

Ik vroeg aan Stella wat ze hiervan vond.

'Je zat aan je gezicht,' zei Stella.

'Je hebt zelf net mijn handen ontsmet,' zei ik.

'Maar daarna heb je op je telefoon gekeken en daarmee heb je buiten een foto gemaakt nadat je wisselgeld had aangenomen. Ik moet ook overal op letten. Paranoïde en psychopathisch moeten we zijn in deze tijd. Neem een voorbeeld aan mij, al sta ik op dit moment niet echt vrolijk in het leven.'

Ze lachte. Ondanks het mogelijke besmettingsgevaar op mijn zojuist zo onnadenkend beroerde rechterneusvleugel zoende ze mij.

Als ik deze quarantaine niet had kunnen delen met mijn stralende, psychopathische Stella, zou ik zijn verschrompeld tot een bitter man in explosieve stagnatie. Zuchtend boodschappen doen en voor de zoveelste keer afwassen en pastarestjes schrapen uit de vergiet zouden zinloos zijn als zij tussendoor niet tegenover mij dineerde met sterren in haar ogen. Als de apocalyps nog moet komen, zal ik die in ieder geval niet hoeven te beleven zonder Stella's commentaar. Ik zou mij er bijna op verheugen.

DAG ZEVENENZESTIG

Genua,
zaterdag 16 mei 2020

Wereldwijd zijn er volgens de officiële cijfers meer dan 300.000 mensen overleden aan het virus, maar het werkelijke slachtofferaantal is met zekerheid vele malen hoger. Amerika en Engeland worstelen, waarbij incompetentie van hun regeringsleiders een complicerende factor is. Zuid-Amerika is de nieuwe brandhaard. Niemand durft zich een voorstelling te maken van Afrika. Als het sterftecijfer twee procent bedraagt, wat een voorzichtige schatting is, zullen er wereldwijd 140 miljoen mensen aan het virus sterven en daarmee zal dit in absolute cijfers met afstand de dodelijkste pandemie blijken uit de menselijke geschiedenis.

Maar dat is niet het opmerkelijkste. Tussen 1968 en 1970 stierven er minstens een miljoen mensen aan de Hongkonggriep. Ook toen was er geen plek meer in de ziekenhuizen. Mortuaria waren overvol. Maar de wereld haalde haar schouders op. Men ging naar Woodstock. De kranten schreven nauwelijks over de epidemie. Sterven was geen nieuws.

Wat nieuw is, is onze huidige obsessie met controle. Dit is de eerste epidemie in de geschiedenis die wordt bestreden met een wereldwijde lockdown.

Eeuwenlang is ons bestaan getekend door pogingen om

zin te geven aan onze sterfelijkheid. Tegenwoordig zien we onze dood als een technisch defect, een ontwerpfout in de hardware, waarvoor technische oplossingen moeten bestaan. Omdat spirituele waarden in ons neoliberale systeem letterlijk waardeloos worden geacht, zien we ons gereduceerd tot ons lichaam. Consumeren is onze bestemming en daarvoor hebben we niets anders nodig dan ons lichaam. Als volleerde consumenten fotograferen we fitte lijven, die op adembenemende locaties met een Instagramglimlach getuigen van een fantastisch leven in dit ondermaanse. Om het paradijs hier op aarde waar te maken, moeten we lichamen van engelen hebben. De epidemie ontneemt ons de illusie van onkwetsbare jeugdigheid in ons eeuwigdurende hier en nu en daarom zijn we met man en macht bezig om dat verdomde virus te laten zien wie de baas is op deze planeet.

DAG ACHTENZESTIG

Genua,
zesde zondag van Pasen,
17 mei 2020

Ik was getuige van een manifestatie. Een groep van een man of twintig, die veel ruimte in beslag nam omdat de regels voor onderlinge afstanden werden gerespecteerd, trok door de straten van het centrum van Genua, nauwlettend gadegeslagen door politie in burger, die opvallend anoniem stond te posten. Ik kon uit hun leuzen niet opmaken wie zij waren en wat zij wilden. Eén spandoek riep op tot ontzet van het beleg. Met een ander spandoek werd het recht opgeëist om te demonstreren. Als protesteren een doel op zichzelf is, is de mensheid misschien nog niet verloren.

's Avonds sprak premier Giuseppe Conte het volk toe. Stella en ik volgden zijn redevoering live. Hij sprak vanuit het binnenhof van Palazzo Chigi. Voor het eerst sinds maanden waren de journalisten lijfelijk aanwezig, in plaats van dat ze met quarantainekapsels vanuit hun lekkende mansardes mochten inbellen via gammele videoverbindingen, al werden ze op grote afstand gehouden.

De premier sprak van bemoedigende cijfers. Het was tijd, zo zei hij, om 'met vertrouwen en een gevoel van grote verantwoordelijkheid' de volgende stap te zetten. Vanaf maandag wordt het land grotendeels heropend. Hij gaf een lange opsomming van alle activiteiten die weer zullen zijn toegestaan. Ik vond het bevreemdend om de premier gratis vrijheden te horen uitdelen. Het idee dat de regering zomaar zonder enige noodzaak de controle uit handen geeft, vond ik inmiddels net zo onwerkelijk als wanneer de belastingdienst zou aankondigen voortaan geld te gaan uitkeren.

Winkels, bars, restaurants, parken en stranden kunnen maandag weer openen, op voorwaarde dat zij de draconische sanitaire richtlijnen respecteren. In feite wordt de quarantaine opgeheven, al blijven de sportscholen, zwembaden, theaters, bioscopen en scholen voorlopig gesloten en geldt er nog steeds een verbod op verplaatsingen buiten de eigen regio.

'S Nachts kon ik niet slapen van opwinding en zorgen.

EEN DAG NA DE QUARANTAINE

Genua,
maandag 18 mei 2020

Als een kind op de ochtend van zijn verjaardag, zo werd ik wakker. Ik wist bijna zeker dat het beloofde grote cadeau er zou zijn, maar scheutjes onzekerheid mengden zich door mijn opwinding, want misschien waren mijn ouders het vergeten of misschien hadden ze, ondanks het feit dat ik honderd keer heel precies had uitgelegd wat ik wilde, het verkeerde gekocht. Ik sprong mijn bed uit en opende de luiken en de grote ramen die uitkijken op Piazza delle Erbe. Hele emmers zonlicht werden in mijn gezicht gesmeten. Ik hoorde stemmen.

Gisterenavond hebben we een voorschot genomen op de heropening. Stella's zus Sara en haar man Andrea kwamen naar het centrum en voor het eerst sinds drie maanden gingen we eten bij Stella's moeder. Het was een historisch, grotesk, paranoïde en ontroerend mooi diner. We zaten zonder schoenen in de buitenlucht op het balkon, een meter uit elkaar op een rij, met kartonnen wegwerpbordjes op onze schoot. De moeder was aan de uiterste buitenkant geparkeerd tussen de cactussen. Er was een complexe choreografie uitgedokterd van wie welke doorgang nam in het geval dat er iets uit de keuken gehaald moest worden. Na de toost werden de glazen panisch ontsmet.

Uit het raam zag ik tafeltjes buiten staan op Piazza delle Erbe. Aan de tafeltjes zaten echte mensen echte koffie te drinken. Ik hoorde het getik van lepeltjes in kopjes. Een beetje te uitbundig maakte ik Stella wakker. We gingen naar de bar van Pucci op Piazza di Soziglia. Nadat Stella van een afstandje alle ontsmettingsprocedures had bestudeerd en in grote lijnen goedgekeurd, mochten we van haar gaan zitten. Van pure euforie ging ik foto's zitten maken van hoe zij met haar mondkapje op haar kin haar eerste koffie dronk op het terras terwijl Genua voorbijliep met een onzichtbare glimlach. Dit was de bevrijding.

TWEE DAGEN NA DE QUARANTAINE

Genua,
dinsdag 19 mei 2020

Volgens zegspersonen is ongeveer zestig procent van de bars en restaurants gisteren heropend. Voor zover ik kan zien, is dat hier in het centrum bijna honderd procent. Maar hoewel je de collectieve opluchting kunt horen zuchten in de stad, is het nergens druk.

De terrastafeltjes staan meters uit elkaar. De gemeente is de bareigenaars tegemoetgekomen door uitbreiding van de terrassen toe te staan en geen precariobelasting te heffen, maar desondanks staan er aanzienlijk minder tafeltjes dan vroeger. Daarbij zijn ze voor maximaal twee personen. Toch had ik geen moeite om een plekje te vinden toen ik gisterenavond de bevrijding wilde proeven op Piazza delle Erbe.

Obers met mondkapjes en handschoenen ontsmetten alles. Iemand die opstond van zijn tafeltje en met zijn negroni in de hand twee vrienden wilde begroeten aan een ander tafeltje, werd door de serveerster teruggestuurd. Iedereen was extreem voorzichtig aan het vieren.

Ik stuurde de foto van Stella's eerste koffie op het terras aan haar zus.

'Echte kopjes!' antwoordde zij. 'Als ze die maar goed wassen. Hier in het ziekenhuis blijven ze binnenkomen.'

Later op de avond, toen ik weer thuis was, kwam er een

ambulance voorrijden bij de terrassen van Piazza delle Erbe. Er werd geen kortademige bejaarde ingeladen, maar een omgevallen dronkenlap afgevoerd, zoals dat in de goede oude tijd meerdere keren per avond gebeurde.

Niet lang daarna werd het stil op het plein. De bars waren vroeg dichtgegaan. We hoorden de ratten piepen tussen de vuilcontainers, wat het vertrouwde geluid van de maandenlange stilte was geweest. Een kat sloop naderbij. De kat was nieuw.

In plaats van weg te zakken bij een zo ongeloofwaardig mogelijke Netflixserie bleven Stella en ik tot drie uur 's nachts voor het open raam zitten praten, lachen en samenzweren. We hebben wilde plannen voor de toekomst gemaakt.

DRIE DAGEN NA DE QUARANTAINE

Genua,
woensdag 20 mei 2020

De zon scheen en de ober van Caffè Latino onder ons huis droeg een T-shirt met de tekst 'Cosa vuoi di più dalla vita?'

'Dit is echt waardeloos werken zo,' zei hij. Hij ging zijn terras te lijf met een plantenspuit van industriële proporties. Alle tafeltjes en alle stoelen stonken naar ziekenhuis. 'Geen menukaarten, olie en azijn in zakjes, als jullie naar de wc moeten, een voor een en mondkapje verplicht, idem straks bij het afrekenen. Vragen? Geen vragen. Wat mag het zijn?'

Stella bestelde een salade niçoise, ik nam *paccheri alla Norma*. Het was onze eerste lunch buiten sinds maanden. Stella had zich erop gekleed met extravagante sneeuwluipaard- en zebraprints. Ze droeg precies de juiste zonnebril voor een met zorg bereide maaltijdsalade tegen het decor van eeuwenoude gevels.

Zij las mij een nieuwsbericht voor uit *Il Secolo* XIX over de achterstanden bij de overheid in de uitbetaling van de cassa integrazione. Nog maar een kwart van alle aanvragen is in behandeling genomen.

'Dus als ik het goed begrijp,' zei ze, 'zijn er alleen al in Ligurië vijftigduizend personen die al twee maanden zonder inkomen zitten.'

'Zoals jij.'

'Ik heb jou. Dat kan niet iedereen zeggen.'

'Nee, dat kan niet iedereen zeggen.'

De lunch was bijna feestelijk, zo normaal. Maar het was niet normaal. Ik zag de hele tijd kleine foutjes bij de mensen om mij heen, zoals een schouderklopje in het voorbijgaan met de beste bedoelingen uitgedeeld of iemand die een stoel vastpakte, zich bedacht en ergens anders ging zitten. Ik zag gevaren als een naderende rozenverkoper, die op het nippertje werd gestuit. Het virus heeft onze gedachten besmet. Iedereen doet weer braaf zijn best om te consumeren, omdat dat het hoogste goed is, maar we dragen de gevangenis nog steeds met ons mee in ons hoofd.

VIER DAGEN NA DE QUARANTAINE

Genua,
donderdag 21 mei 2020

Gene, de eigenaar van Caffè Latino, schold een van zijn obers de huid vol en in dezelfde zin verontschuldigde hij zich daarvoor.

'Ik ben nerveus,' zei hij. De ober knikte begripvol. 'We werken in feite alleen voor onze vaste klanten en dat is te weinig. Dat er zomaar iemand langsloopt en gaat zitten – vergeet het. De loop is eruit. En tegelijkertijd pis ik in mijn broek voor vrijdag- en zaterdagavond. Want stel dat de *ragazzi* uit de wijken naar de piazza komen. Stel dat er een *movida* komt. Dan werk ik misschien een avondje als vanouds, maar er hoeft maar één foto van een samenscholing op Facebook te verschijnen en ze sluiten mijn tent.'

Stella en ik gingen lunchen in het restaurant zonder naam van Maurizio in Vico Vegetti. Zijn zorgvuldig nonchalant en rustiek ingerichte kleine taveerne was geruïneerd door schermen van plexiglas. Een tweeliterfles handgel stond bij de ingang. Maar buiten op zijn terras was alles zoals het hoorde te zijn. De schurftige oude gevels stonden nog. Een zilt briesje van zee gleed haast onmerkbaar door de steeg. Stella nam de *calamarata con acciughe*, ik *ravioli al tocco*. Als dat niet ten strengste verboden was, zouden we Maurizio hebben omhelsd.

'Zie je die vier mannen daar aan dat tafeltje?' vroeg hij.

'Ik zou dus eigenlijk moeten vragen of zij tot in de zesde graad verwant aan elkaar zijn. Anders mogen ze niet samenzitten.'

Maurizio was sceptisch. Mensen werken thuis en die komen niet meer eten, vertelde hij. Er zijn geen toeristen. En je hebt het uitgaanspubliek dat naar de theaters gaat niet meer. Dat zijn de drie factoren. En tel daarbij op dat mensen bang zijn en zonder geld zitten. Het aantal uitkeringen dat afgelopen april is aangevraagd is ten opzichte van april vorig jaar met 2953,6 procent toegenomen.

VIJF DAGEN NA DE QUARANTAINE

Genua,
vrijdag 22 mei 2020

Er wordt nog steeds dagelijks om zes uur een virusbulletin gepubliceerd. Gisteren zijn er in Italië 156 mensen gestorven. Er zijn in totaal nu officieel 32.486 dodelijke slachtoffers. Een studie van de pensioenautoriteit INPS berekent op basis van oversterfte dat het er in werkelijkheid ongeveer 19.000 meer zijn. Een ander onderzoek schat op basis van de serologische tests dat veertien procent van de bevolking is besmet.

Meer dan zeven miljoen Italianen hebben cassa integrazione aangevraagd. Volgens het Nationaal Concilie van de Orde van Psychologen geven acht van de tien Italianen aan dat ze psychische problemen ervaren. Veel mensen zitten nog steeds in huis omdat ze te bang zijn om naar buiten te gaan. Angst, economische onzekerheid, eenzaamheid en de psychische gevolgen van sociale distantiëring leiden tot depressies.

Schoorvoetend probeer ik mijn vrijheid te accepteren, maar ik zie duizenden situaties waarvan ik zou smullen als ik het virus was, en tegelijkertijd bekruipt mij de vrees dat precies dat het werkelijke probleem is: dat mijn kijk op de dingen besmet is geraakt en dat ik ben gaan denken als het virus.

Op Piazza delle Erbe, die als kloppend hart van de vroegere movida onder een vergrootglas ligt, worden alle angstige regels met vermoeiende precisie nageleefd, althans overdag en tot op een zeker uur in de avond, wanneer de drank te veel dingen vloeibaar maakt. Maar Stella en ik waren gisterenavond op Piazza Lavagna, in de ontembare Maddalena, en daar leken zorgen over eventueel besmettingsgevaar te worden beschouwd als een lachwekkende herinnering aan paranoïde waanzin uit een ver verleden. Uitgelaten groepen vrienden zaten luidruchtig opeengepakt. Er werden handen geschud en er werd gezoend. We vroegen ons af wie anachronistisch waren, zij, die naïeve en zorgeloze tijden deden herleven, of wij, die de quarantaine nog niet van ons af hadden geschud.

ZES DAGEN NA DE QUARANTAINE

Genua,
zaterdag 23 mei 2020

Met onze architect Massimo gingen we naar de tegelgroothandel in Ceranesi, een dorp in de heuvels even ten noorden van Genua, voorbij Bolzaneto, Pontedecimo en Campomorone. Het was de langste reis die ik sinds lange tijd had gemaakt. In maanden was ik niet zo ver van huis geweest.

In de auto vertelde Massimo dat zijn zoon gisteren voor het eerst met een vriend naar het strand was geweest. Ze gingen naar een van de weinige gratis stranden, want ze zijn jong. Toen ze het water in wilden, werden ze tegengehouden door een beveiliger die hen sommeerde hun mondkapje voor te binden.

'Bij het zwemmen?'

'Ja, bij het zwemmen.'

Ik keek uit het raam. We reden langs de nieuwe brug. Bij Bolzaneto gingen we van de snelweg af. We doorkruisten buitenwijken en de oude dorpen in de vallei, die inmiddels aan de stad vastgeklonterd waren. Er waren huizen te zien en mensen op straat. Er was verkeer te zien, stoplichten en winkels die open waren. Het voelde als vakantie. Ik keek mijn ogen uit.

De verbouwing van ons nieuwe huis in het palazzo tegenover de kathedraal verloopt inmiddels weer voortvarend. Het begint steeds meer op een huis te lijken. We kunnen beginnen te denken aan de tegels. Ik schat dat we door de quarantaine ongeveer een maand vertraging hebben opgelopen. Niet veel meer.

Dankzij Stella's vasthoudendheid en Massimo's handigheid is de bureaucratie zo goed als getemd. We hebben de ondertekening van het definitieve koopcontract vastgesteld op 4 juni, omdat op 3 juni de grenzen weer opengaan en de verkopende partij uit Frankrijk moet komen. Maandag zien we de notaris om de koopakte voor te bereiden. Het enige wat nog niet helemaal rond is, is onze hypotheek. Er is een taxateur van de bank gekomen om het huis te bezichtigen. We wachten nog op zijn rapport.

ZEVEN DAGEN NA DE QUARANTAINE

Genua,
Hemelvaart van de Heer,
zondag 24 mei 2020

In de oude tijden was Piazza delle Erbe de magneet van de nacht en de binnenste kring van het paradijs van de alcoholistische monocultuur. Op mooie vrijdag- of zaterdagavonden zaten en stonden er soms tweeduizend man te zuipen op het intieme, trapeziumvormige pleintje. En dit was het eerste weekend na de heropening.

We gingen dineren bij Stella's moeder. Sara en Andrea waren er ook bij. We konden niet net als de vorige keer op een rijtje in de buitenlucht op het balkon zitten, omdat een onweersbui naderde. Op ontsmette pantoffels maakten we een alternatief plan.

Na lang beraad werd er besloten dat Sara en Andrea aan weerszijden van de tot kerstlengte uitgeschoven eettafel plaatsnamen, terwijl Stella en ik in de studeerkamer zouden eten en de moeder voor haar eigen veiligheid werd opgesloten in haar eigen keuken. Bij het toetje mochten we allemaal in de woonkamer komen. Stella hield haar mondkapje op haar kin terwijl zij haar ijsje lepelde en schoof het over haar neus en mond wanneer ze tussen de hapjes door iets wilde zeggen.

Omdat we moesten bijkomen van zoveel gezelligheid, gingen Stella en ik na afloop nog wat drinken op Piazza delle Erbe. De onweersbui was overgetrokken. Zo waren we getuige van de eerste movida in de nieuwe tijd.

De bars hadden beveiligers ingehuurd om samenklittende groepen uit elkaar te trekken, maar ze waren niet nodig. Iedereen was uiterst gedisciplineerd aan het pierewaaien. Serveersters met mondkapjes zagen toe op de ontsmettingsprocedures van wie naar de wc wilde. Het was mooi. Ik had het leven gemist. Ik genoot.

Maar toen begon de absurditeit van de situatie tot mij door te dringen. Mensen kwamen samen om angstvallig op afstand te blijven. Gemaskerd weerzien werd huiverig met rigide protocollen gevierd. Halve gezichten trachtten te lachen in de nacht. Het was fascinerend als een schilderij van de hel. We bleven tot sluitingstijd.

ACHT DAGEN NA DE QUARANTAINE

Genua,
maandag 25 mei 2020

Stefano Bruni was een achtendertigjarige bouwvakker uit Sant'Olcese, een dorp tien kilometer ten noorden van Genua. Zijn vader Giorgio was een van de vele slachtoffers van het virus. Stefano was bijzonder geraakt door diens verscheiden en misschien nog wel meer door het feit dat hij geen afscheid van hem had kunnen nemen en hem niet had kunnen begraven. Ook Stefano werd ziek. Hij had alle symptomen. Hij kon de gedachte niet van zich afzetten dat hij degene was geweest die zijn vader had besmet. Die theoretische mogelijkheid was onverdraaglijk en drie dagen geleden heeft hij zich in de tuin met zijn vaders jachtgeweer door het hoofd geschoten.

Sara vertelt over het ziekenhuis. Ze houden de besmette patiënten in isolatie, terwijl ze de reguliere zorg proberen te hervatten. Maar het probleem is dat je niet weet of een nieuwe patiënt besmet is. Vorige week werd er een slachtoffer van een verkeersongeluk binnengebracht. Als radiologe zag zij als eerste dat er afgezien van de botbreuken ook sprake was van een nare longontsteking. Maar vier opeenvolgende tests waren negatief, dus de patiënt lag op de virusvrije afdeling. Gisteren was de vijfde test toch positief. Wie weet wie hij intussen allemaal heeft besmet.

Die tests zijn onbetrouwbaar, zei Sara. En er is nog een

ander probleem. In feite zouden ze de apparatuur na elk onderzoek moeten ontsmetten. Maar dat duurt een uur. Dus dat doen ze niet, want anders kunnen ze geen patiënt meer helpen.

Intussen probeer ik elke dag met een klein beetje meer succes te doen alsof alles normaal is. Ik drink mijn koffie, wandel door de stad en ga pizza eten met Stella en ik weet wanneer mijn mondkapje op of af moet, zoals een kerkganger weet wanneer hij moet knielen of staan. Ik ontsmet mijn handen. De zon schijnt.

NEGEN DAGEN NA DE QUARANTAINE

Genua,
dinsdag 26 mei 2020

Gisteren is de MSC Fantasia aangekomen in de haven van Genua. Dit cruiseschip kwam uit Lissabon, ooit in een andere wereld een voorziene halteplaats van de reis, waar de passagiers van boord zijn gehaald en zijn gerepatrieerd. Vervolgens heeft het Italiaanse schip met zijn bemanning van 440 man twee maanden voor anker gelegen voor Lissabon in afwachting van de heropening van de Italiaanse havens.

Zeven bemanningsleden zijn besmet. Zij zijn overgebracht naar het hospitaalschip. De rest van de bemanning wordt grondig getest. Vijftien man per dag worden aan wal toegelaten, waar ze in quarantaine worden gezet. De operatie zal weken duren.

De terugkeer van het grote schip in onze haven maakt indruk. Het weerzien met de oude vijand geeft hoop. Zijn slagschaduw kan worden geïnterpreteerd als een voorteken dat ons voorspelt dat we ons binnenkort weer ouderwets mogen ergeren aan kortgebroekte horden die op teenslippers de elegantie van onze eeuwenoude stad komen beledigen. In hachelijke tijden zijn oude kwellingen een geruststelling.

Vanwege de nieuwe regels voor minimale afstanden passen er veel minder tafeltjes op de terrassen dan vroeger.

Om de bars en restaurants tegemoet te komen geeft de gemeente vlot en moeiteloos vergunningen voor uitbreidingen van de terrassen. Ook etablissementen die nooit eerder een *dehors* hebben gehad, mogen meubilair op straat zetten. Dat is intelligent beleid. Om besmetting tegen te gaan is het slim om zo veel mogelijk ruimte in de buitenlucht te creëren.

Het heeft het straatbeeld ook veranderd. Bars en restaurants maken gretig gebruik van de mogelijkheden en steeds meer clandestiene parkeerplaatsen en dode hoeken in de stad worden getransformeerd in vrolijke terrasjes met hier en daar zelfs heuse bloemen op de tafels, als een opzichtige metafoor voor de opluchting. Het is niet veel, maar het is een zeldzaam voorbeeld van iets wat het virus heeft verbeterd.

TIEN DAGEN NA DE QUARANTAINE

Genua,
woensdag 27 mei 2020

We gingen lunchen met Massimo bij Rossovino op Piazza Lavagna. Vroeger waren ze alleen open voor het diner, maar er zijn 's avonds niet genoeg klanten meer om financieel te overleven, dus hebben ze het middaguur erbij genomen. We hadden nog niet besteld of Massimo raakte in paniek. Hij was zijn mondkapje vergeten. Hij ging er een lenen bij de eigenaar Marco. Ik vond het een beetje overdreven.

'Ze zien ons,' fluisterde hij en hij wees drie gloednieuwe beveiligingscamera's aan die onlangs op strategische punten op het plein waren geïnstalleerd. Het cement was nog nat.

'Noem het maar een politiestaat,' zei Marco. 'En als hier vanavond een paar klanten een te leuke avond hebben en intiem worden, krijg ik een boete. Ze dwingen mij te openen, met alle risico's van dien, omdat ze geen enkele vorm van economische steun geven, en ze schuiven de verantwoordelijkheid vervolgens op mij af. In plaats van erover na te denken hoe ze de economie weer op gang kunnen helpen, is hun urgentste zorg hoe ze het volk kunnen controleren.'

'Virusdictatuur,' zei Massimo. 'Zelfs het pissen is gebureaucratiseerd.'

'Fascisme zit Italianen in het bloed,' zei Stella.

'Tot op het lachwekkende af,' zei Massimo. 'Hebben jullie dat bericht gelezen van die man in Nervi die naar de zee wilde op een punt waar dat niet mocht? Om de fascisten te slim af te zijn deed hij zich voor als een van hen. Hij beweerde dat hij een politieagent in burger was en dat hij moest controleren of er geen illegale badgasten waren. Dat is Italië.'

'Maar ze hebben hem gepakt.'

'Ja, toen kwam de echte politie. Ze hebben ook nog een huiszoeking bij hem gedaan, want de Italiaanse ordediensten overdrijven graag. En ze vonden een arsenaal verboden wapens, want ook Italianen die de wet overtreden houden ervan te overdrijven.'

ELF DAGEN NA DE QUARANTAINE

Genua,
donderdag 28 mei 2020

Het virus lijkt te smelten in de middagzon en op te lossen in de zoemende zomeravonden. Alle relevante grafieken vlijen zich zuchtend neer op de nullijn, zoals wij op de terrassen. Het virus begint zelfs te verdwijnen van de voorpagina's.

We mogen niet te vroeg juichen, ik weet het. Met een incubatietijd van twee weken plukken we vandaag nog steeds de vruchten van de vroegere sluiting. Pas volgende week kunnen we meten of de heropening en onze opluchting prematuur waren. Maar vooralsnog mogen we de illusie koesteren dat we hebben gewonnen.

Vanaf volgende week wordt het weer mogelijk om buiten de eigen regio te reizen. Dat leidt nu al tot polemieken, want niemand wil Milanezen over de vloer, sowieso al niet en zeker niet nu. Milaan is de hoofdstad van de regio Lombardije, waar meer virusslachtoffers zijn gevallen dan in heel China. De gouverneur van Sardinië wil tot woede van de burgemeester van Milaan een virustest verplicht stellen voor Milanezen die naar zijn eiland willen komen. Onze gouverneur, Giovanni Toti, belooft dat hij zelf pesto zal maken voor Milanese toeristen. Het is onduidelijk of hij hen daarmee poogt te lokken dan wel af wil schrikken.

Gisteren waren de eerste twee toeristen in Pompeji,

Marvin en Colleen Hewson uit Clinton Township in de buurt van Detroit. Op 5 maart van dit jaar begon hun vakantie van drie weken in Italië, waarmee ze zijn vijfenzeventigste verjaardag en hun dertigjarig trouwfeest wilden vieren. Door de lockdown werden alle vluchten gecanceld. De drie weken werden drie maanden. Al die tijd zaten ze vast in hun bed and breakfast in de buurt van Napels en toen Pompeji gisteren weer openging, waren zij de eerste bezoekers.

'Het was de moeite waard om er zo lang op te wachten,' zei Marvin na afloop van het bezoek.

TWAALF DAGEN NA DE QUARANTAINE

Genua,
vrijdag 29 mei 2020

We zaten op het mooie, nieuwe terras van Oltreconfine onder de *portici* van Piazza San Lorenzo. Stella was aan de telefoon met haar jeugdvriendin Roby, die inmiddels in Pegli woont en die we te weinig zien.

Een vrouw van een onbestemde leeftijd kwam aan ons tafeltje staan. Ze had een uiterlijk dat men kan ruiken. Ik wil haar geen zwerfster noemen, maar de hoofdzonde van ijdelheid had ze overwonnen. Ze had mij zien roken en vroeg mij om een vuurtje. Ze vroeg mij niet eens een sigaret. Die had ze al in haar mond. Ze vroeg mij evenmin om geld. Ze wilde een vuurtje. Maar ik kon haar mijn aansteker niet geven. Ik kon haar ook niet van dienst zijn door als een gentleman haar sigaret aan te steken terwijl zij haar hoofd in de richting van het vlammetje neigde. Ze droeg geen mondkapje. Hygiëne was zichtbaar niet haar sterkste kant. Ik moest haar wegsturen.

Het virus verdwijnt, maar angst blijft de eenvoudigste situaties besmetten.

Roby woont sinds december weer bij haar bejaarde ouders, die elkaar niet kunnen uitstaan. Maar haar moeder is dement. Ze had een heup gebroken. Haar vader is te oud om voor zijn gehate echtgenote te zorgen. Roby had zich opgeofferd.

Vorige maand stierf de broer van haar vader aan het virus. Hij was geregeld bij hen over de vloer geweest, dus paniek. Ze hadden zich laten testen. Haar ouders hadden niets, maar Roby bleek positief. Ze was niet ziek geweest, maar ze werd het alsnog van de schrik. De positieve uitslag resulteert automatisch in een obligatoire quarantaine tot de contra-expertise, waar Roby nu al een maand op wacht, want er is een gebrek aan tests. Intussen zit ze wettelijk verplicht opgesloten met haar vijandige ouders en de vrees dat ze hen zou kunnen besmetten.

DERTIEN DAGEN NA DE QUARANTAINE

Genua,
Pinksterwake,
zaterdag 30 mei 2020

Er zijn problemen met de hypotheek. We hadden gehoopt en gerekend op een bankgarantie vóór de ondertekening van de koopakte op 4 juni, maar de taxateur heeft de bank laten weten dat het huis wordt verbouwd en volgens de regels van de bank wordt er geen hypotheek verstrekt als het huis niet bewoonbaar is. Sinds januari zijn we bezig om de hele bureaucratie op tijd rond te krijgen en op het laatste moment blijkt deze regel te bestaan. Dat hadden ze ons ook eerder kunnen laten weten. De bank wist dat er verbouwd werd, omdat het pand gesplitst wordt en getransformeerd wordt van kantoor in een woonhuis. Maar door de quarantaine had iedereen een beetje langs elkaar heen gewerkt en daardoor hadden ze verzuimd ons op de hoogte te stellen.

De oplossing is dat wij de koopakte toch op 4 juni tekenen, waarmee het voorkooprecht van de Italiaanse staat ingaat, dat wij de verbouwing rond half juli afronden en dat wij dan nog twee weken hebben om de hypotheek alsnog rond te krijgen vóór 4 augustus, wanneer het voorkooprecht verloopt en de daadwerkelijke overdracht plaatsvindt. Een wankel plan, maar het enige plan.

Door de complicaties bij onze pogingen om de koop van

het huis rond te krijgen kan ik delen in het gevoel van onzekerheid dat als een mist bezit heeft genomen van het land. Doortimmerde plannen blijken wankel. Heldere tijdpaden vervagen in de verte. Toekomst glipt door vingers als een bange, gladde vis. Dat huis, dat het vooruitzicht was dat mij door de eindeloze tegenwoordige tijd van de quarantaine heen heeft gesleept, wil maar niets anders worden dan een vooruitzicht, omzwermd door *caveats* en bepalingen als 'hopelijk' en 'misschien'. Terwijl veel van mijn stadsgenoten om totaal andere maar vergelijkbare redenen niet kunnen slapen, kan ook ik niet slapen.

VEERTIEN DAGEN NA DE QUARANTAINE

Genua,
Pinksteren,
zondag 31 mei 2020

Ik hoorde een virusmopje, waarin een politieagente een automobilist aanhoudt, zich vooroverbuigt naar het opengedraaide raampje en zegt: 'Zonder mondkapje veertig euro', waarop de automobilist vraagt: 'Met mondkapje twintig euro?'

De politie controleert daadwerkelijk op mondkapjes op straat. Maar de mop is in het echt nog absurder. Als je geen masker draagt, ga je op de bon, maar als je je masker onder je kin of aan je oor hebt bungelen, is het goed.

De markt op Piazza Matteotti is terug. Met rood-witte afzetlinten is er een avontuurlijk, labyrintisch parcours uitgezet langs de kraampjes. Op Piazza De Ferrari was een demonstratie gaande van complottisten die de pandemie toeschreven aan de 5G-zendmasten. Er stond een rij voor de grote boekhandel La Feltrinelli op Via Ceccardi. Een medewerker stond voor de ingang plastic zakjes van een rol te scheuren en uit te delen, die klanten over hun handen moesten dragen als ze boeken wilden doorbladeren.

Toen ik terugliep, was er een nieuwe manifestatie op Piazza De Ferrari. Podiumartiesten protesteerden tegen de 'permanente paniektoestand', zo viel te lezen op hun spandoeken.

Er zijn nog meer terrassen bij gekomen op Piazza San Lorenzo. Na Bar del Duomo en Oltreconfine heeft ook restaurant Le Colonne een groot, chic dehors ingericht. Het enige wat nog ontbreekt, zijn klanten.

Ik las over vlucht EW9844 van de Duitse lowbudgetcarrier Eurowings die de eerste twee toeristen van Düsseldorf naar Olbia op Sardinië bracht en vlak voor de landing ontdekte dat het vliegveld van Olbia nog gesloten was. De beide avonturiers zijn teruggevlogen naar Düsseldorf en omgeboekt op een vlucht na 3 juni.

Anderhalf weekend ging het goed op Piazza delle Erbe. Maar zaterdagavond had iedereen er genoeg van. Er werd gefeest en niemand maalde nog om de regels. In Via di Canneto Il Lungo moest de politie een samenscholing van zeventig man uiteenslaan.

VIJFTIEN DAGEN NA DE QUARANTAINE

Genua,
Heilige Maagd Maria Moeder van de Kerk,
maandag 1 juni 2020

De vertrouwenskapster van onze familie, die vroeger Mario heette en nu Eva, die haar kapsalon in Vico San Matteo toepasselijk Eva Hair heeft genoemd en die de gratie van Helena van Troje paart aan de dramatiek van Marie Antoinette, klaagde over plastic. Om elf uur 's ochtends had zij al twee vuilniszakken vol wegwerpschorten, steriele zakjes voor de persoonlijke bezittingen van de klanten en handdoeken voor eenmalig gebruik naar de container gebracht.

'Laat Greta Thunberg het maar niet horen,' zei ze, 'en bovendien is al dat plastic stuitend ordinair.' Ze droeg een mondkapje onder een plastic spatscherm dat als het masker van een lasser met een band om haar hoofd bevestigd was. 'Ik kan maar twee van de vijf stoelen gebruiken, maar er zijn sowieso veel minder klanten.' Ze zuchtte theatraal. 'Ga je over mij schrijven?' vroeg ze. 'Dan doe ik even lippenstift op.'

Overal in de stad zie ik hetzelfde. Winkels die tot ver over elke esthetische grens zijn toegerust om te voldoen aan de gedetailleerde sanitaire normen met gemaskerd personeel dat vergeefs op klanten wacht. Spectaculair spatieuze, uitnodigende terrassen zonder klandizie. Voor

Stella en mij is het een walhalla. We hoeven geen restaurant meer te reserveren.

Dit is het eerste lange weekend na de heropening van het land, want 2 juni is een nationale feestdag. Men zou normaal gesproken massaal de bergen in gaan of naar zee. De federatie van agritoerisme signaleert een terugval van tachtig procent ten opzichte van vorig jaar.

Terwijl de middenstand steeds wanhopiger wacht op vroeger, raakt de epidemie gepolitiseerd. De rechtse regiobestuurders willen zo snel mogelijk zo veel mogelijk toeristen de restaurants en hotels in sleuren en laten bevriende virologen verklaren dat het virus niet meer gevaarlijk is. Ze doen zo min mogelijk tests om het officiële besmettingscijfer laag te houden.

ZESTIEN DAGEN NA DE QUARANTAINE

Genua,
Feest van de Republiek,
dinsdag 2 juni 2020

Stella mist de quarantaine. Als amateurmisantroopje had ze de tijd van haar leven toen al onze stadsgenoten huisarrest opgelegd hadden gekregen als het verdiende loon voor hun bestaan. Het wereldwijde verbod op amusement ervoer zij als een verlate daad van kosmische rechtvaardigheid. De maandenlange stilte beschouwde ze als het herstel van de natuurlijke orde.

De enige voor haar hinderlijke bijkomstigheid van de quarantaine was het virus. De ziekte was mild voor haar geweest, maar hardnekkig. Tot op de dag van vandaag heeft ze bij vlagen last van haar keel. En ze zal het virus nooit vergeven dat het Arturo heeft gedood en dat het een bedreiging blijft vormen voor haar kwetsbare moeder. Hoewel het virus haar een triomfantelijke overwinning verschafte in de ongelijke strijd tussen haar smetvrees en mijn nonchalance, zou ze liever hebben gezien dat de autoriteiten een permanente quarantaine hadden verordonneerd zonder enige medische noodzaak.

Stella koestert uitgesproken opvattingen over de haast en gretigheid waarmee iedereen, inclusief ik, sinds twee weken het decadente consumentenbestaan op de terrassen heeft hervat. Wanneer ze haar geloof verloochent door met mij op een terras te zitten, hetgeen ze gelukkig heel vaak doet, amuseert ze mij door deze uitgesproken opvattingen over het anachronistische en onhygiënische tumult rondom ons in steeds kleurrijkere bewoordingen uiteen te zetten. De toeristen mogen van geluk spreken dat ze er nog niet zijn, want Stella zou hen afmaken.

Maar ik begrijp haar. Ook ik ervaar het paradoxale gevoel van claustrofobie in een geglobaliseerde wereld. Dit is geen prettige planeet voor misantropen. En wanneer elke medemens een potentiële bron van besmetting is, wordt iedereen misantroop.

Ze moet morgen weer werken. Dat is de echte reden waarom ze boos is op de dalende grafieken. Maar ik zal morgenochtend met haar opstaan en haar naar haar galerie brengen.

ZEVENTIEN DAGEN NA DE QUARANTAINE

Genua,
woensdag 3 juni 2020

Stella is weer begonnen te werken. Ik vergezelde haar vanochtend naar haar galerie. Het was voor het eerst sinds maanden dat ik weer in dat deel van het centrum kwam.

De prostituees van Vico Angeli, Vico del Duca en Vico Salvaghi hadden hun werkzaamheden hervat. Zij die zich het zichtbaarst hadden opgesteld, hadden hun suggestieve werkkleding gecompleteerd met mondkapjes, maar als je in de krochten van de stegen loerde, zag je er ook een paar zonder, alsof het een onuitsprekelijke fetisj was geworden om een vrouw met een mond te begeren.

Via Garibaldi, de mooiste straat van Europa, was verlaten. De barman, de goudsmid en de meisjes van de ijssalon stonden met hun armen over elkaar op straat. De musea van Palazzo Rosso en Bianco zijn gesloten, toeristen zijn er niet en de school om de hoek is dicht.

Op Piazza De Ferrari was er een manifestatie van touroperators, gidsen en reisbureaus, die een zee van nutteloze rolkoffertjes achterlieten rond de fontein.

Volgens de meest recente cijfers van het Italiaanse instituut voor statistiek is de werkloosheid de afgelopen maand dramatisch toegenomen. Iets meer dan de helft van de beroepsbevolking heeft nog werk. Paradoxaal genoeg is het aantal werkzoekenden gedaald. Wie zonder werk zit, doet niet eens meer de moeite om werk te vinden, want er is geen werk.

Voor mijn voordeur werd ik bedreigd door een mij onbekende, forse man omdat ik Nederlander ben en omdat de Nederlandse regering de nodige Europese steun aan het Zuiden blijft blokkeren. Ik probeerde hem uit te leggen dat ik aan zijn kant sta en dat ik ons gedeelde standpunt in Nederlandse en Italiaanse kranten heb uitgedragen, maar hij weigerde te luisteren naar een Nederlander. Nadat ik de voordeur achter mij had dichtgetrokken, hoorde ik hem nog schreeuwen.

ACHTTIEN DAGEN NA DE QUARANTAINE

Genua,
donderdag 4 juni 2020

Normaal doen is ingewikkeld geworden. Planning, inspanningen en investeringen zijn nodig om weer enigszins te mogen doen wat een paar maanden geleden doodgewoon was.

Stella is haar galerie aan het heropenen, maar voordat zij één klant kan ontvangen, moet ze de richtlijnen en normen voor de ontsmetting en ventilatie bestuderen en implementeren. Ze moet plakkaten ophangen met regels en waarschuwingen. Haar airconditioningsysteem moet worden aangepast. Ze heeft offertes aangevraagd voor sterilisatieapparaten op basis van stoom en ozon. Ze moet bestuderen of deze de schilderijen niet beschadigen.

En het lijkt opeens helemaal niet meer zo normaal om ernaar te streven om te doen wat we vroeger deden. Een fysieke winkel in een dure straat, waar potentiële klanten in contact treden met verkopers en de uitgestalde waren bewonderen en beduimelen, lijkt een relict uit een andere tijd, mooi en nutteloos als een landingstoren waaraan zeppelins kunnen aanleggen.

Stella's baas in Milaan is een ambitieuze ondernemer, die nog sneller denkt dan hij praat en zijn leven handsfree bellend in zijn Porsche zin geeft. Zelfs voor zijn moeder heeft hij geen tijd. Stella sprak hem om de heropening te coördineren.

'Weet je wat het is, Stella?' zei hij. 'Ik heb de afgelopen maanden tijd gehad om na te denken en ik heb ingezien dat er belangrijkere dingen zijn dan targets en omzetmaximalisatie. Ik heb besloten om langzamer te leven. Dus neem je tijd.'

Deborah, de uitbaatster van Caffè Letterario op Piazza delle Erbe, zei gisteravond iets vergelijkbaars: 'Kun je je herinneren dat we vroeger op school maandenlang zomervakantie hadden? Zo voelde ik me tijdens de quarantaine. Ik voelde mij weer twaalf. Ik kon doen waar ik al jaren niet aan was toegekomen. Ik had het nodig. Ik had te hard gewerkt. Het moet niet weer zo worden als het was.'

NEGENTIEN DAGEN NA DE QUARANTAINE

Genua,
vrijdag 5 juni 2020

Op 3 juni is het reisverbod buiten de eigen regio opgeheven. Sinds eergisteren mogen we ons ook zonder aantoonbare noodzaak verplaatsen binnen Italië. De Italiaanse regering wil ook de landsgrenzen weer openen om het toeristenseizoen te redden, maar de buurlanden Zwitserland en Oostenrijk houden hun grens met Italië voorlopig nog gesloten. De grens met Slovenië is open voor wie van Slovenië naar Italië wil, maar omgekeerd niet. Als ik over land uit Italië zou willen ontsnappen, kan dat uitsluitend via Frankrijk. Die grens is open in beide richtingen, al is er een gezondheidsverklaring nodig en zijn er naar verluidt strenge controles, die lange files veroorzaken.

Vanaf de internationale luchthaven Cristoforo Colombo van Genua, mijn springplank naar de wijde wereld, waar ik vroeger zo vaak kwam dat het grondpersoneel mijn naam kende, gaan er nog maar twee vluchten per dag: de ochtend- en de avondvlucht naar Rome.

Het is juni en dit is de Rivièra. De zee heeft de kleur van ansichtkaarten. Dit zou het seizoen zijn om toeristen te haten. Ze komen uit Piemonte en Lombardije en gedragen zich schichtig. Buitenlanders, die normaal gesproken de helft van alle kamers boeken, zijn er niet.

Een vriendin van Stella die in Alassio aan de Bloemenrivièra woont, zegt dat het allemaal een vooroorlogse indruk maakt: ouderwets, ingehouden en voorzichtig familietoerisme. Ik bedenk er strohoedjes bij en kroost in matrozenpakjes. Alka-Seltzer en zilveren servetringen van het pension. Giechelend pootjebaden in de branding.

De wereld na de quarantaine lijkt, hoe ongehoord nieuw zij ook is, antiek en vergeeld. We vallen geen vage kennissen meer om de nek, maar houden gepaste distantie van vrienden. Onze buurlanden zijn onbereikbaar buitenland. Documenten zijn nodig. Kantoren ontvangen op afspraak. Ik nip van mijn koffie, braaf op een meter afstand van de dame van wie ik houd.

TWINTIG DAGEN NA DE QUARANTAINE

Genua,
zaterdag 6 juni 2020

Eergisteren hadden we de koopakte moeten ondertekenen voor ons nieuwe huis. De reden waarom we de datum hadden vastgesteld op 4 juni, was dat de verkopende partij uit Frankrijk moest komen en dat de grenzen pas sinds 3 juni weer open zijn. Maar hij was niet eens van plan te komen. Hij had een volmacht geregeld voor zijn ex-vrouw, die gewoon in Genua woont. Dan hadden we het dus ook eerder kunnen doen.

Maar ook de afspraak van 4 juni is niet doorgegaan. De malicieuze makelaar Marzia, tegen wie wij een rechtszaak hebben aangespannen, had lucht gekregen van de afspraak en heeft de ex-vrouw van de eigenaar bewerkt om de volmacht niet te accepteren. De notaris had nog nooit eerder meegemaakt dat een volmacht werd geweigerd. Maar Marzia heeft onze koopakte getorpedeerd, ongetwijfeld omdat daarin een passage was opgenomen waarin wij verklaren dat we haar bemiddeling aanvechten.

Er is een nieuwe datum vastgesteld. We gaan nu op 9 juni naar de notaris en de eigenaar zal er persoonlijk bij zijn. De notaris belde ons om ons in te lichten dat Marzia van zins is bij de ondertekening aanwezig te zijn. Wij hebben hem duidelijk gemaakt dat haar aanwezigheid ongewenst is, maar we vrezen dat ze zich zal presenteren als de consulente van eerdergenoemde ex-vrouw van de eigenaar. Dus we hebben ook onze advocate gevraagd te komen.

De tekst van de akte hebben we voorbereid met een medewerker van de notaris. Er waren vijftien verschillende versies nodig om tot een tekst te komen die ons niet zou schaden in ons proces tegen de makelaar. In de zestiende versie had de notaris hoogstpersoonlijk nog wat correcties aangebracht. Alles was gewijzigd in het voordeel van de makelaar. We moeten onze advocate nu ook inzetten tegen de notaris.

Ik probeer het te zien als een inburgeringscursus, maar ik slaap slecht.

EENENTWINTIG DAGEN NA DE QUARANTAINE

Genua,
Heilige Drie-eenheid,
tiende zondag door het jaar,
7 juni 2020

Zoals vaker gebeurt, vinden de uitersten van het politieke spectrum elkaar in hun gemeenschappelijke afkeer van het centrum van de macht. Het mondkapje is, als het zichtbaarste resultaat van het regeringsbeleid, het symbool geworden van gehoorzaamheid en het doelwit van rebellie. Vorige week betoogden rechtse en extreemrechtse leiders in Rome demonstratief zonder mondkapjes tegen de vrijheidsbeperkingen. Overal in Genua zie ik affiches van extreemlinkse organisaties en anarchisten die het volk oproepen om de mondkapjes af te doen.

Ook minder politiek gemotiveerde rebellen, zoals de dronkenlappen van de nacht, komen in opstand tegen de plicht om mondkapjes te dragen. Gisterennacht hoorde ik een hoogoplopende ruzie voor de bar onder ons raam tussen een serveerster, die schreeuwde dat het ging om respect voor anderen, en een klant, die met dubbele tong grote woorden als 'democratie' en 'mensenrechten' bezigde en weigerde zijn mondkapje voor te binden. Hij kwam er niet meer helemaal uit. Zijn betoog weigerde coherent te worden. Desondanks was hij volledig overtuigd van zijn eigen gelijk.

De juniregens hebben de hoop op een toeristische invasie van de Ligurische stranden in het eerste weekend sinds de heropening van de regio's weggespoeld. Maar nog voordat de eerste druppels vielen, leidde het vooruitzicht van de komst van honderdduizenden Milanezen tot onblusbare polemieken.

Het regiobestuur en de strandtenthouders doen er alles aan om hen naar het zuiden te lokken. Maar Lombardije is nog steeds het meest besmette gebied, op het randje van kritiek, en wie geen economisch belang heeft bij hun komst, wil noorderlingen weren. Op sociale media nam dit protest onsmakelijke vormen aan. Zo zijn we weer waar we drie maanden geleden begonnen: bij haat jegens de zelfzuchtige Milanezen die hun arrogante, geïnfecteerde metropool willen ontvluchten en denken dat het hun recht is om het zuiden te komen besmetten.

TWEEËNTWINTIG DAGEN NA DE QUARANTAINE

Genua,
maandag 8 juni 2020

Terwijl wij hier in Italië en in de rest van Europa hebben besloten dat het gevaar maar geweken moet zijn en beginnen na te denken over een fijne zomervakantie in de toeristenluwe wijde wereld om onszelf te belonen voor maanden van gedwongen inactiviteit, grijpt het virus elders in de wereld sneller om zich heen dan ooit. De afgelopen week waren er gemiddeld honderdduizend nieuwe besmettingen per dag. De pandemie dooft niet uit, maar wordt steeds heviger, met name in Zuid-Amerika, het Midden-Oosten en Afrika.

Nu het zomer wordt, is ook het vaarseizoen weer begonnen. Bootvluchtelingen proberen de Middellandse Zee over te steken. Maar vanwege het virus, dat voortwoekert in Afrika, zijn ze nog minder welkom dan tevoren. Op Lampedusa heeft de bevolking boten van migranten in brand gestoken. Ruim vierhonderd uit zee geredde migranten werden, met besmettingsgevaar als welkom excuus, wekenlang nergens toegelaten. Uiteindelijk heeft Malta bij wijze van uitzondering zijn haven voor hen geopend, want ze lagen praktisch op sterven.

Maar het enige wat ons interesseert, is de haastige hervatting van onze kleine leventjes, waarin we onze pleziertjes weer voor onszelf opeisen als ons geboorterecht en met een positivistische, neoliberale glimlach als volleerde consumenten gemaakt vertrouwen uitstralen in een toekomst die met zekerheid net zo fantastisch zal zijn als vroeger.

Ik zag een bruidspaar op Piazza della Meridiana. Ze kwamen net uit de trouwzaal in Palazzo Tursi. Hij droeg een masker van koningsblauw zijde, dat smaakvol kleurde bij zijn pak, zij een beeldig sneeuwwit mondkapje van kant. Ze heetten Marta Traverso en Alberto Muratore, las ik de volgende dag in *Il Secolo* XIX. Ze hadden de krant gehaald, want het was de eerste bruiloft sinds de quarantaine. Bij het artikel stond een foto afgedrukt van hun gemaskerde zoen.

De waanzin verschuilt zich achter het momaangezicht van normaliteit.

DRIEËNTWINTIG DAGEN NA DE QUARANTAINE

Genua,
dinsdag 9 juni 2020

De laatste dagen is er opvallend veel politie op straat en ik begrijp niet goed waarom. Ze controleren fanatiek op mondkapjes, maar dat niet alleen. Passanten wordt naar papieren gevraagd. Zwervers worden verwijderd of opgepakt. Ik was de afgelopen dagen van een afstandje getuige van twee arrestaties op klaarlichte dag, zonder dat er sprake was van geschreeuw, vechtpartijen of berovingen.

De stad is nerveus. Veel mensen zitten zonder geld, omdat de toegezegde staatssteun nog steeds niet is uitbetaald. Het economisch herstel verloopt geheel volgens de verwachtingen allerbelabberdst. Klanten blijven weg. Veel mensen zijn nog steeds te bang om hun huis uit te komen. De toekomst is hachelijk drijfzand geworden, waaraan je beter maar niet kunt denken.

Wie kinderen heeft, heeft ze nog steeds in huis. De scholen gaan pas weer in september open. Ook al is een staking niet bepaald een krachtig signaal tijdens een gedwongen opschorting van alle activiteiten, leraren dreigen met stakingen omdat ze nu al voorzien dat de financiële middelen ontbreken om de heropening in september op een veilige manier gestalte te geven. De ouders hebben al gestaakt. Ze hebben een dag lang hun wifi in huis uitgezet om te protesteren tegen het thuisonderwijs. Ze klampen zich nu met de moed der wanhoop vast aan de ijdele verwachting dat ze hun rakkertjes binnenkort naar een zomerkamp kunnen sturen. Maar je krijgt er wel veel liefde voor terug.

Misschien reageert de politie op deze nervositeit. Maar ik durf niet helemaal uit te sluiten dat de autoriteiten heimwee hebben naar de totale controle tijdens de quarantaine. De lege straten, vrij van gespuis, staan nog in hun geheugen gegrift als een zoete herinnering en ze grijpen het nieuwe begin aan om een nieuwe orde af te dwingen.

Of misschien ben ik zelf nerveus. Dat zou ook kunnen.

VIERENTWINTIG DAGEN NA DE QUARANTAINE

Genua,
woensdag 10 juni 2020

De broer van Stella's baas, die ook een beetje baas is, reist regelmatig met de trein op en neer tussen Alassio, waar hij woont met zijn moeder, en Milaan, waar zijn snelle broer het moederfiliaal van de kunsthandel runt. Tijdens zijn tussenstops in Genua worden schilderijen en belangrijke documenten uitgewisseld tussen hun Milanese vestiging en Stella's galerie.

Vanochtend in alle vroegte moest Stella een landschapje met boerinnen van Angelo Morbelli ter waarde van een luxe sportwagen bezorgen op perron 17 van station Genova Piazza Principe. Bij dit soort afspraken ga ik vaak met haar mee als haar bodyguard. Zo ook vanochtend. De schimmige operaties op het perron hebben de allure van een ouderwetse spionagefilm en amuseren mij.

Het was voor het eerst sinds de quarantaine dat wij een taxi namen. De bestuurdersstoel was hermetisch afgeschermd van de achterbank met doorzichtig plastic. Er was een luikje in geknipt, dat sloot met klittenband, waardoor je geld kon schuiven.

Het was ook voor het eerst dat we weer op het station waren. Het was met een fortuin aan bewegwijzeringsstickers en afzetlinten getransformeerd in een ingenieus eenrichtingsparcours, waar je zoals in de IKEA verplicht het hele pand door wordt gejaagd voordat je bent waar je moet zijn. Onderaan perron 17 werd met een pistool onze lichaamstemperatuur gemeten. Maar Stella en ik zijn ervaren en koelbloedige spionnen.

De broer van Stella's baas was opeens geen forens meer, maar een reiziger die kon verhalen van verre oorden. We vroegen hem de oren van zijn hoofd over de situatie in Alassio en de toestand in Milaan. We hingen aan zijn lippen terwijl hij vertelde over de vreemde samenlevingen die hij had gezien buiten het historisch centrum van Genua.

Dat de wereld door het virus weer groot is geworden, is volgens mij iets wat we moeten koesteren.

VIJFENTWINTIG DAGEN NA DE QUARANTAINE

Genua,
Sint-Barnabas,
donderdag 11 juni 2020

Het decor van de stad is weer gevuld met figuranten. Op het eerste gezicht wemelt er van alles. Men is druk doende dingen te verplaatsen en met dingen op andere dingen te slaan, hetgeen de kern is waartoe zo goed als alle economische activiteiten zijn te herleiden. Men gaat zijn weg met een doel voor ogen, zoals vóór de quarantaine. De stad lijkt zelfs ijveriger dan vroeger, omdat de ledigheid van de toeristen ontbreekt.

Maar niets is wat het lijkt. Het lijkt op herstel, opluchting en het doorbreken van een zonnestraal na maanden van regen, maar dat is het dus niet. Het is wanhoop. Winkels, restaurants en bars hebben hun deuren heropend in de hoop op een wonder dat uitblijft. Ze proberen tegen beter weten in hun faillissement uit te stellen. Tot augustus is het bij wet verboden om werknemers te ontslaan, dus wie nu nog werk heeft, heeft dat niet omdat het goed gaat met de zaak of omdat er een toekomst is.

Vandaag zag ik de eerste toeristen. Een braaf, blond gezinnetje drentelde beduusd met gloednieuwe mondkapjes voorgebonden in de richting van het Selfie-Point op Piazza De Ferrari. Ondanks de ijsjes in hun hand keken ze ongemakkelijk, alsof ze zelf ook wel doorhadden dat er iets niet klopte.

Vrienden uit Nederland en België beloven mij vol enthousiasme dat ze snel naar Italië zullen komen. Ze denken dat alles weer normaal is, gelukkig net vóór de vakantie. Ik weet dat een spoedreanimatie van het toerisme regeringsbeleid is, maar toch: wat denken jullie hier te komen doen? Dit is rampgebied. Bijna iedereen die je hier in Noord-Italië zult tegenkomen tijdens je heerlijke, welverdiende vakantie, heeft onlangs een dierbare verloren, waarschijnlijk zonder die te hebben kunnen begraven. Iedereen is bang voor de toekomst. Het virus slaapt, maar waart nog rond.

ZESENTWINTIG DAGEN NA DE QUARANTAINE

Genua,
vrijdag 12 juni 2020

Er bestaat een bibliofiele uitgave van mijn sonnetten voor de krant, die niet verkocht kan worden omdat de hele oplage nog moet worden gesigneerd. Begin maart arriveerden de dozen bij mijn manager in Nederland, ik zou bij hem langsgaan, maar toen kwam het virus.

Bart van Aken van de Gentse boekwinkel Paard Van Troje wilde een flinke partij afnemen en toen hij door mijn manager werd gewezen op het probleem, stelde hij een ongebruikelijke oplossing voor. Na een reis van drie dagen is hij gisteren met de cineaste Ellen Vermeulen, zijn aanstaande vrouw, in een auto volgeladen met de volledige oplage van de sonnetten plus tien dozen *Grand Hotel Europa* aangekomen in Genua.

Ze vertelden over hun surreële tocht. Frankrijk was verlaten. Snelwegen waren leeg, parkeerplaatsen uitgestorven en wegrestaurants gesloten. Ze hadden twee nachten tussen mijn boeken in de auto geslapen omdat er geen hotel open was. Het enige hotel in Genua dat niet gesloten was, was Hotel Bristol op Via XX Settembre, na Grand Hotel Savoia het chicste hotel van de stad, met 133 kamers en suites. Toen ze aankwamen, troffen ze een eenzame schoonmaakster, die in paniek ging bellen dat er gasten waren. Er was één andere hotelgast. Iemand kwam twee kratjes afleveren. Dat was de totale bevoorrading voor het restaurant voor die dag.

Bart en Ellen hebben veel gemeen met Stella en mij, bijvoorbeeld dat ook zij, verblind door een droom, net een veel te mooi huis hebben gekocht. De quarantaine dwong de boekhandel op de knieën, terwijl het financieringsplan voor het huis gebaseerd was op de oude wereld met haar verdiensten, en het huis vertoonde begrotelijke verborgen gebreken. Op een gegeven moment was de stress zo groot, vertelden ze, dat ze geen andere oplossing zagen dan een sauna in de tuin te zetten ter ontspanning.

ZEVENENTWINTIG DAGEN NA DE QUARANTAINE

Genua,
zaterdag 13 juni 2020

Ik moet er nog steeds van bijkomen en ik ben er vol van. Het gebeurde afgelopen dinsdag, maar ik heb het tot deze zaterdag uitgesteld om erover te vertellen omdat mijn zaterdagse afleveringen niet in de kranten komen en omdat niet iedereen alles hoeft te weten.

De afspraak bij de notaris was om zeven uur 's avonds. Stella en ik hadden een halfuur eerder afgesproken met onze financiële consulent en onze advocate op Piazza San Lorenzo onder ons nieuwe huis. Terwijl onze troepen zich verzamelden, zagen we het cortège van de tegenpartij, bestaande uit de ex-vrouw van de eigenaar, de malicieuze makelaar Marzia en haar advocaat, het plein oversteken.

Voordat we de akte konden bespreken, moesten we een overeenkomst sluiten met de eigenaar over extra kosten. De makelaar en haar advocaat moesten wachten in de hal onder de fresco's. Ze hadden daar niets mee te maken. Stella had een waterdicht dossier en een steekhoudend betoog voorbereid om met de eigenaar te onderhandelen. Hij begon te schreeuwen als een kind, stond op en verliet het kantoor van de notaris. Na drie minuten was de koop al afgeblazen.

Omdat sommige dingen belangrijker zijn dan winnen, stond ik op. Ik liep naar buiten, vond de stampvoetende eigenaar en zei: 'We hebben een overeenkomst. We kunnen overgaan tot het tekenen van de akte.' Maar hij wilde een cheque. Onmiddellijk. Hij kalmeerde pas toen de notaris persoonlijk mijn bankoverschrijving garandeerde.

Intussen had de notaris met de makelaar en haar advocaat onderhandeld met het doel hen buiten zijn kantoor te houden. Zij wilden een wijziging in de tekst van onze akte, waarmee onze advocate kon instemmen. Zij gingen weg.

Na de lezing van de akte en langdurige onderhandelingen over details tussen onze advocate en de notaris konden we tekenen. Het was tien uur. We waren eigenaars van een droom.

ACHTENTWINTIG DAGEN NA DE QUARANTAINE

Genua,
Sacramentsdag,
elfde zondag door het jaar,
14 juni 2020

Het was al toegestaan om de mis weer te vieren en nu is ook de werkelijke religie van Italië uit haar lockdown verlost.

De twee returns van de halve finale van de Coppa Italia zijn gespeeld. Op vrijdagavond eindigde Juventus-Milan, de eerste profvoetbalwedstrijd sinds vijfennegentig dagen, in een bloedeloze 0-0. Op zaterdag werd het 1-1 tussen Napoli en Inter. Beide wedstrijden werden gespeeld in lege stadions, zonder publiek. De minimumafstand van een meter werd op het veld niet gehandhaafd. Op grond van de resultaten van de heenwedstrijden in een andere era in februari hebben Juventus en Napoli zich gekwalificeerd voor de bekerfinale.

Ook de Italiaanse competitie zal worden uitgespeeld. De financiële belangen zijn te groot om dat niet te doen. Om het programma voor de zomer af te ronden, zal er elke drie dagen een speelronde zijn, met een reëel risico op competitievervalsing. Bij de clubs uit het noorden zijn meer spelers besmet geweest dan bij de zuidelijke clubs. Ze hebben een significante conditieachterstand. Rijke clubs hebben een bredere selectie en meer mogelijkheden om ex-patiënten te ontzien.

Het is deprimerende waanzin. Het ergste zijn de interviews met afatische multimiljonairs, rolmodellen voor de jeugd, die zich met de arrogantie van eclatante ignorantie beklagen over de gedwongen pauze van drie maanden. Ook voor de quarantaine was voetbal allang verworden tot een imbeciele hoogmis van het grootkapitaal, opium van het volk waaraan enkelen zich exorbitant konden verrijken, maar nu de protagonisten van deze perverse show na drie maanden in een veranderde wereld als niet te verdelgen kakkerlakken tevoorschijn kruipen om met vanzelfsprekendheid opnieuw een hoofdrol op te eisen in onze levens, valt het des te meer op. Gaan we het voetbal en zijn miljoenencontracten, na tienduizenden doden en een economische ineenstorting, nu werkelijk als gedachteloze en infantiele consumenten opnieuw belangrijk vinden?

NEGENENTWINTIG DAGEN NA DE QUARANTAINE

Genua,
maandag 15 juni 2020

Ik zag een man zijn huis uit komen en de straat op gaan met een krantje met de aanbiedingen van de supermarkt. Ik zag een meisje op haar tenen staan om aan te bellen bij haar oma. Ik zag een vrouw wandelen met een poes aan een halsband. Ik zag een man met een vooroorlogse snor nippen van zijn amaro op het terras onder de portici tegenover de kathedraal. Ik zag twee nonnen met mondkapjes uit de mis komen. Ik zag mannen met veiligheidshelmen op bouwsteigers klimmen. Ik zag een dikke man in wielertenue lopen naast zijn racefiets. Ik zag twee vriendinnen in hotpants whatsappen bij de bushalte. Ik zag een schoenmaker hoofdschuddend timmeren in zijn winkel. Het gaat. Er wordt geleefd, behalve door al diegenen die niet meer leven.

Met ingang van vandaag zijn er nieuwe versoepelingen van kracht. Vrijwel alle binnengrenzen van de Europese Unie openen weer zonder quarantaineplicht of andere restricties. Alleen Spanje wacht nog een weekje. In heel Italië heropenen de theaters en de bioscopen. Er mogen maximaal tweehonderd personen binnen zijn, inclusief de staf, de technici en het overige personeel. Voor openluchtvoorstellingen geldt een maximum van duizend toeschouwers. Mondkapjes zijn verplicht, maar ze mogen af tijdens de voorstelling. Ook de bingohallen mogen weer open, ongetwijfeld tot grote opluchting van velen.

In Genua vervalt vandaag de verplichting om een mondkapje te dragen op straat. Het is nog wel steeds verplicht om er een bij je te hebben. Je moet hem voorbinden wanneer je op straat binnen twee meter afstand bent van een andere persoon die geen huisgenoot is of familie tot in de zesde graad. In winkels en andere gesloten ruimten blijft het dragen van een mondkapje verplicht.

Maar ook vandaag gaan de meeste mensen nog gemaskerd over straat, alsof ze de vrijheid niet vertrouwen.

DERTIG DAGEN NA DE QUARANTAINE

Genua,
dinsdag 16 juni 2020

Gisteren waren er in Italië zesentwintig virusdoden te betreuren. Dat was een laagterecord sinds het begin van de epidemie. Op 2 maart werden er achttien doden geteld. Sindsdien overleden er nooit zo weinig patiënten op één dag als gisteren. In twaalf van de twintig regio's was de dag van gisteren een dag zonder slachtoffers. Er werden 303 nieuwe besmettingen vastgesteld, waarvan de overgrote meerderheid, 259 gevallen, in de regio Lombardije. Ook deze aantallen vallen binnen de marges van wat officieel als geruststellend wordt ervaren.

Toch is het land niet in een overwinningsroes, hoewel de grafieken na een historische strijd, die van ons vergde dat wij ons langdurig heldhaftig verborgen hielden, op de knieën zijn gedwongen. De economische repercussies met schulden, faillissementen, verlies van banen en krimp laten zich nog niet in volle hevigheid voelen, maar het algemene idee is dat de winter komt en dat hij vele jaren zal duren.

Daarbij komt de angst voor twee woorden die men als een machtige maledictie hooguit fluisterend in de mond neemt: tweede golf. In China lijkt het al zover te zijn. Er is daar een nieuwe brandhaard in de hoofdstad. Ieder kuchje of iedere handdruk kan de vloek ook over ons afroepen.

De maatregelen tijdens de quarantaine vertoonden de unieke combinatie van onzekerheid en urgentie. De urgentie is verdwenen, maar de onzekerheid niet.

Sommige Italiaanse kranten vonden het nodig om te vermelden dat de interpretatie van de Mayakalender, die voorspelde dat de wereld op 21 december 2012 had moeten vergaan, berust op een fout en dat de correcte datum 21 juni 2020 is.

De gemeente Genua heeft ondanks alles een noodplan in werking gesteld om de straten en stoepen vrij te maken van onkruid, dat tijdens de afgelopen maanden van stilstand bezit heeft genomen van spleten en kieren tussen de straatstenen.

EENENDERTIG DAGEN NA DE QUARANTAINE

Genua,
woensdag 17 juni 2020

Mijn zusje in Nederland zei mij over de telefoon dat ze de ironie miste in mijn stukjes. Ze had gelijk. Paulien Loerts, de directrice van het uitgeefconcern, had mij maanden geleden hetzelfde gezegd. Omdat zij begin maart voor het eerst iets van mij las wat niet ironisch was, heeft zij de ernst ingezien en haar concern gewapend tegen de crisis.

Maar ik wil mijn zusje niet teleurstellen en ik zou graag luchtig kunnen doen over een opgeklopte hype. Maar het probleem hierbij is, zoals bij zoveel dingen, de werkelijkheid. Als ik eerlijk ben, kan ik niet ironisch zijn.

Een ander probleem met de werkelijkheid is dat zij in compositorisch opzicht tekortschiet. De structuur van dit verslag zou vereisen dat alle ellende geconcentreerd was in de vorige fase en dat ik nu met de komst van de langverwachte zomer in Italië vanaf een heropend en als vanouds zoemend terras langzaam naar een happy end toe werk.

Valentina belde. Zij is een vriendin en oud-studiegenote van Stella, die nu als restauratrice werkt bij de monumentenzorg op Via Balbi. Een paar maanden geleden, vlak voor de epidemie, had zij eindelijk een plek in een verzorgingstehuis gevonden voor haar opa en oma. Zij heeft hen nooit kunnen opzoeken, want het virus kwam, er werd een besmetting geconstateerd in het tehuis en bezoek werd geweerd. Haar opa werd begin mei ziek en stierf twee weken later. Ook haar oma raakte besmet. Zij is gisteren overleden, precies een maand na haar echtgenoot.

Stella vertelde dit verhaal aan Massimo. Hij knikte. 'Een vriend van mij,' zei hij, 'heeft vorige week binnen drie dagen zijn beide ouders verloren.'

Iedereen in deze stad heeft doden te betreuren. Als men werkelijk aandringt, kan ik dit ook ironisch verwoorden, natuurlijk kan ik dat, maar spontaan komt het niet.

TWEEËNDERTIG DAGEN NA DE QUARANTAINE

Genua,
donderdag 18 juni 2020

De triagetent die begin maart voor de ingang van het ziekenhuis van San Martino was neergezet voor de eerste opvang van potentieel besmette patiënten, is gisteren weggehaald. En dat is niet het enige gunstige voorteken dat ons in deze dagen ten deel valt.

In het jaar 1098 keerde de Genuese legeraanvoerder Guglielmo Embriaco, bijgenaamd de Moker, na de inname van Jeruzalem en Cesarea terug van de eerste kruistocht naar het Heilige Land met de as van Johannes de Doper, die hij had buitgemaakt in een Grieks klooster in de buurt van de stad Myra in het land Lycië. Hij schonk de as aan de kathedraal van Genua, waar deze tot op de dag van vandaag wordt bewaard. Het is de belangrijkste heilige relikwie van de stad, die op 24 juni, de geboortedag van Johannes de Doper, in een processie naar de haven wordt gedragen om de zegen af te smeken voor de stad, haar vissers en haar zeelieden.

De as wordt bewaard in een kostbare, rijkgedecoreerde ark van goud, zilver en edelstenen, die tussen 1438 en 1445 is gemaakt. Ergens in de jaren zeventig van de vorige eeuw zijn twee beeldjes van musicerende engelen van de pinakels van de ark gestolen. Deze week zijn ze door luitenant-kolonel Antonio Quarta van de carabinieri teruggevonden. Ze worden morgen door hem persoonlijk plechtig overhandigd aan de aartsbisschop, net op tijd voor de processie van volgende week.

We zouden van een wonder kunnen spreken en van een glanzend, gunstig omen voor de stad, maar er is één complicatie. De ark met de as zal dit jaar vanwege het besmettingsgevaar niet door de stad worden gedragen. We zullen de toekomst het hoofd moeten bieden zonder de zegen van onze beschermheilige. Maar anderzijds hebben we tot nu toe alles ook zelf moeten doen.

DRIEËNDERTIG DAGEN NA DE QUARANTAINE

Genua,
Heilig Hart van Jezus,
vrijdag 19 juni 2020

'Er gaan dagen voorbij dat ik er niet meer aan denk,' zei Sara, de restauratrice van onze fresco's, tijdens het diner op het plein, om vervolgens door de ober te worden terechtgewezen omdat zij, hoewel we het er net nog over hadden gehad, vergeten had haar mondkapje voor te binden toen zij opstond en naar binnen ging om haar handen te wassen. We noemen haar Sara Buffa om haar te onderscheiden van Stella's zus en van onze Milanese vriendin Sarah Parker, die wij Sarah Parker noemen en die nog steeds denkt dat wij niet weten dat ze voor de geheime dienst werkt.

We hebben het virus nooit gezien, maar als een spion die zich opvallend verborgen houdt, was het enorm aanwezig. Nu lijkt het verdwenen te zijn, maar ook dat kunnen we niet zien. Na ons maanden te hebben verstopt voor een onzichtbare dreiging hebben we bereikt dat de dreiging niet meer zichtbaar is.

Ik denk niet dat ik kan zeggen dat er sinds begin maart een dag is geweest waarop ik niet aan het virus heb gedacht. Ik weet het wel zeker. Dat komt voor een deel door dit dagboek. Maar het komt ook doordat ik dagelijks omringd ben door mensen die bang zijn voor het virus en voor de gevolgen van alles.

Zoals de mensen die over straat gaan halve gezichten hebben, zo is het hooguit voor de helft weer geworden zoals het vroeger was. De andere helft is angst, die de gedaante aanneemt van plastic en plexiglas en die ruikt naar ontsmettingsmiddel. Ik hoop dat er een dag komt dat ik er niet meer aan denk.

'Het lijkt intussen allemaal zo normaal,' zei Stella's moeder toen we vandaag koffiedronken aan een geïsoleerd en rigoureus gedesinfecteerd tafeltje bij Pasqualini op Via Ceccardi, 'maar het is absurd.'

VIERENDERTIG DAGEN NA DE QUARANTAINE

Genua,
Onbevlekt Hart van Maria,
zaterdag 20 juni 2020

Deze week is in ons palazzo een nieuw raam geopend in de gevel aan de achterkant boven Vico del Filo. Het was het spectaculairste onderdeel van de verbouwing. Onze vriend en architect Massimo had de vergunningen daarvoor geritseld in een andere tijd, vóór het virus, toen je nog lijfelijk je opwachting kon maken in de kantoren van de bevoegde instanties om gewiekst te manoeuvreren, schouderklopjes uit te delen en op achteloze toon te herinneren aan eerder verleende gunsten. Als we het in deze bange en afstandelijke tijden hadden moeten regelen, zou het niet zijn gelukt.

We zijn stiekem gaan kijken. Niets is zo bevredigend als een nieuw perspectief.

We hebben een voorlopige nederlaag moeten incasseren in onze rechtszaak tegen de malafide makelaar Marzia, die ons bedriegt met de courtage. De zaak komt pas op zijn vroegst in september voor, maar intussen hadden we via onze advocate bezwaar aangetekend tegen het gerechtelijke dwangbevel dat ons verordonneert het door haar ten onrechte in rekening gebrachte bedrag onder voorbehoud te betalen. Ons bezwaarschrift is deze week in behandeling genomen en afgewezen.

Onze advocate was woedend. Het was volgens haar een oppervlakkige uitspraak. De rechter had waarschijnlijk niet eens de volledige documentatie gelezen. Hierbij heeft het zeker niet in ons voordeel gewerkt dat er vanwege het besmettingsgevaar geen hoorzitting kon worden gehouden en dat de hele zaak op afstand via telematische pleidooien moest worden beslecht. Het is een ingewikkelde zaak, die uitleg behoeft. Onze advocate is een roofdier op naaldhakken. Zij is er een meester in om ingewikkelde zaken zo uit te leggen dat het ongelijk van de tegenpartij evident wordt. Maar we zullen moeten wachten tot na het virus om haar in actie te zien.

Het gaat om het nieuwe perspectief. Dat is het enige wat werkelijk van belang is.

VIJFENDERTIG DAGEN NA DE QUARANTAINE

Genua,
twaalfde zondag door het jaar,
21 juni 2020

De Milanese intellectuelen kwamen. We kregen bezoek van mijn grote vriend Francesco Virga, de Italiaanse coproducent van de verfilming van mijn roman *La Superba*, zijn vrouw Sarah, die wij Sarah Parker noemen en die iedereen die ergens belangrijk om is persoonlijk kent, en hun vrienden Paolo en Antonella, zij een architecte die recent is gescheiden van een Russische multimiljonair, en hij tevreden met zijn glas.

We namen hen mee naar Rossovino op Piazza Lavagna en het plein veranderde door hun aanwezigheid, zoals een verzameling porseleinen vingerhoedjes verandert met de komst van een kat.

Met expansieve hartelijkheid zaten zij uitbundig te negeren dat zij uit de grootste besmettingshaard van het continent kwamen. Stella en ik waren geschokt. Ze brachten de sociale en politieke implicaties van de lockdown ter sprake met te grote gebaren aan een te krappe tafel. De dreiging van het virus werd door hun virtuoze gedachtenexperimenten lachend vermalen tot een theoretische abstractie. Stella kroop steeds dichter tegen mij aan in een poging om afstand tot hen te bewaren.

Antonella boog zich naar voren om ons te vertellen hoe

vreselijk zij de quarantaine had gevonden. Meer dan drie maanden had zij in huis gezeten met haar dertienjarige dochter, die al die tijd, zoals een dertienjarige betaamt, vooral had doorgebracht op haar eigen kamer. Ze had verhalen gehoord en gelezen van ouders die dankzij de quarantaine een hechtere band met hun kinderen hadden gekregen. Ze was jaloers. Haar was het al die tijd nauwelijks gelukt om een gesprek te hebben met haar dochter. Ze voelde zich schuldig.

'Ik ben zo blij dat ik weer onder de mensen ben,' zei ze. 'En ik wil niet meer aan het virus denken, want anders heb ik geen leven meer.'

Ik begrijp het, lieve Antonella, maar vind je dat niet egoïstisch van jezelf?

ZESENDERTIG DAGEN NA DE QUARANTAINE

Genua,
maandag 22 juni 2020

Een klant op het terras van het restaurant op Piazza delle Erbe vroeg de serveerster of hij zijn telefoon mocht opladen. Zij zei dat ze binnen een oplader hadden. Hij gaf zijn telefoon aan haar. Zij ging met zijn telefoon het restaurant in.

Stella had het gezien. En ze had ook gezien dat de serveerster ons vervolgens water en glazen had gebracht zonder haar handen te ontsmetten. Ik zag mij gedwongen om onze hele lunch annuleren. We hadden al besteld en de gerechten waren zo goed als klaar, maar het was uitgesloten dat Stella ook maar een vinger zou uitsteken naar wat er zou worden geserveerd en dat zij ooit van haar leven nog op dat terras zou zitten. Ik betaalde alles en begeleidde mijn nog nafoeterende geliefde naar een ander etablissement.

Daar kalmeerde ze, al was dat van korte duur. Ze zag toeristen. Ze begon te citeren uit een interview met de Turijnse filosoof en socioloog Luca Ricolfi dat ze net had gelezen. Hij waarschuwt daarin voor optimisme over het verloop van de epidemie. De grafieken in Italië dalen, maar dat is een gemiddelde, dat het feit aan het oog onttrekt dat de besmettingsgraad in verschillende provincies weer aan het toenemen is.

De oorzaak daarvan is volgens Ricolfi het toerisme. De heropening van kantoren, winkels en fabrieken van half mei had nauwelijks een negatief effect op de besmetting. Daar zijn mensen voorzichtig. Recreatie is onze ondergang. Sinds de regiogrenzen en later ook de landsgrenzen heropend zijn en volk zich verplaatst voor vertier, is het weer mis aan het gaan.

Ik vroeg Stella of ik Schopenhauer mocht citeren.

'Nee,' zei ze.

Ik deed het toch. 'Ik weet niet waartoe wij mensen op aarde zijn, maar één ding weet ik wel: het is niet om onszelf te amuseren.'

ZEVENENDERTIG DAGEN NA DE QUARANTAINE

Genua,
dinsdag 23 juni 2020

De meeste dingen eindigen nog rommeliger dan ze beginnen. Er klinkt zelden een slotakkoord en meestal is de finale zo ordeloos en nevelig dat je niet eens met zekerheid zou durven zeggen dat het al afgelopen is, totdat het lange tijd later al lange tijd voorbij blijkt te zijn. De geschiedenis heeft rafelranden. Niemand is op een ochtend wakker geworden in het besef dat de middeleeuwen voorbij waren. De hoofdstukindeling wordt pas eeuwen later aangebracht.

Terwijl het virus zich steeds sneller verspreidt in Noord- en Zuid-Amerika, Rusland, India en het Midden-Oosten, vergat ik zojuist bijna mijn mondkapje voor te binden bij het plassen. Ik ben in overleg over een project waarvoor ik naar Nederland moet, ik moet morgen naar de studio voor iets anders, mijn manager is voor het najaar een tournee aan het plannen door Duitsland en het virus wordt in de kranten steeds verder weggedrukt in de richting van de stripjes.

Men likt zijn wonden en telt zijn geld. De gemeente Genua heeft door de quarantaine een gat van 110 miljoen euro in de begroting. Er is 57,6 miljoen euro minder binnengekomen. Een kwart van dat tekort is toe te schrijven aan een spectaculaire daling van het aantal uitgeschreven en geïnde verkeersboetes. Tegelijkertijd is er 52,4 miljoen euro meer uitgegeven. Een groot deel van dat bedrag is opgegaan aan spray, stickers, afzetlinten en andere maatregelen om besmetting tegen te gaan. Er wordt gehoopt op geld uit Rome. Maar alle gemeenten staan rood. Dus waarschijnlijk zullen de gemeentebelastingen moeten worden verhoogd en moet er worden bezuinigd op voorzieningen.

Stella heeft eindelijk haar cassa integrazione van maart overgemaakt gekregen. In plaats van de beloofde tachtig procent van haar salaris heeft ze vijfenvijftig procent ontvangen. Ze was niet eens boos. Zoals alle Italianen weet zij dat ze van de staat niets hoeft te verwachten.

ACHTENDERTIG DAGEN NA DE QUARANTAINE

Genua,
Geboorte van Johannes de Doper,
beschermheilige van Genua,
woensdag 24 juni 2020

Het Internationaal Monetair Fonds heeft zijn prognoses naar beneden bijgesteld. De wereldeconomie zal heviger krimpen dan er in april werd gedacht. Er wordt nu rekening gehouden met een terugval van 4,9 procent. De totale schade van de pandemie en de lockdown voor de mondiale economie wordt geraamd op twaalf biljoen dollar. Wereldwijd zal het equivalent van driehonderd miljoen voltijdbanen verdwijnen. Italië valt onder de zwaarst getroffen landen. De prognoses voorzien voor de Italiaanse economie een krimp van 12,8 procent.

Met de fantasieloze halsstarrigheid van iemand die een onvermijdelijke nederlaag ziet aankomen, blijft de Italiaanse regering wanhopig toeristen lokken. De staatssecretaris van Infrastructuur en Transport was op werkbezoek in Porto Empedocle op Sicilië. Toen hij het passagiersschip de Moby Zazà in de haven zag liggen, maakte hij er voor de draaiende camera's dankbaar een uitgekiend pr-moment van door erop te wijzen dat het regeringsbeleid zijn vruchten afwierp, getuige de aanwezigheid van dit prachtige cruiseschip vol toeristen. Hij presenteerde het als het bewijs voor een hoopvol perspectief. Helaas voor hem is de Moby Zazà het schip dat wordt gebruikt voor de quarantaine van 211 bootvluchtelingen die door de Sea-Watch 3 van zee zijn gered.

Vandaag is het het feest van Johannes de Doper, de beschermheilige van Genua. Op hem moet onze hoop dan maar gevestigd zijn. Maar dit jaar kan er geen processie worden gehouden. Bij mijn beste weten is het voor het eerst sinds het jaar 1327, toen het patronaat per decreet werd geformaliseerd, dat de jaarlijkse processie geen doorgang vindt.

Maar de brandstapel op Piazza Matteotti is wel ontstoken om middernacht. De brandweer had het plein volgeplakt met duizenden ronde stickers op een meter afstand van elkaar als leidraad ter distantiëring voor de toeschouwers. Door het vuur is de stad symbolisch gereinigd van de pest. Nu de economie nog.

NEGENENDERTIG DAGEN NA DE QUARANTAINE

Genua,
donderdag 25 juni 2020

Volgens de gangbare definitie is een pandemie voorbij wanneer er op veertig opeenvolgende dagen geen gevallen meer worden geconstateerd in de wereld. Voorlopig breekt de afgelopen week alle records, met op vrijdag 19 juni 182.182 nieuwe gevallen wereldwijd, het hoogste aantal ooit gerapporteerd, en met gisteren de op een na hoogste dagelijkse toename volgens de officiële meldingen: 172.383 verse infecties. Maar het overgrote deel daarvan is inmiddels ver weg, op andere continenten, en uit zelfbescherming denken we daar maar liever niet te veel aan.

Er zijn veertig dagen verstreken sinds premier Giuseppe Conte op televisie het volk toesprak en 'met vertrouwen en een gevoel van grote verantwoordelijkheid' de beëindiging van de quarantaine aankondigde. Het virus waarde toen nog rond in Italië, maar de regering had er, net zoals wij allemaal, genoeg van. Het was tijd voor andere prioriteiten.

En nu, veertig dagen na het besluit om een begin te maken met pogingen om net te doen alsof alles weer normaal is, sluipt het virus nog steeds door het land. Er wordt nog steeds elke dag om zes uur een virusbulletin uitgevaardigd met de nieuwe officiële cijfers, maar niemand leest dat nog, zelfs Stella niet. We zijn virusmoe. Het is voorbij, niet omdat het voorbij is, maar omdat we hebben besloten dat het nu maar eens voorbij moet zijn.

De hemel is onbewolkt bij een temperatuur van 26 graden. De *mezzogiorno* zucht met speelse windsnelheidjes van zeven kilometer per uur. Er wordt een luchtdruk gemeten van 1017 mbar en een luchtvochtigheid van 79 procent. De zichtbaarheid is meer dan tien kilometer en er is in de verste verte geen vooruitzicht op enige neerslag.

De parasols op Piazza delle Erbe zijn uitgeklapt. De tafeltjes staan ver uit elkaar, maar Stella mag aan mijn tafeltje zitten onder de zoemende zomeravondlucht.

VEERTIG DAGEN NA DE QUARANTAINE

Genua,
vrijdag 26 juni 2020

Genua in de zomer is een oude dame die het parfum van haar jeugd heeft opgespoten en diep ademhaalt. In de stegen beginnen haar herinneringen en vreemde, verzwegen verlangens uit te botten, te woekeren en te walmen. Elke dag zou een mooie dag zijn om met lange vingers te roken bij Mangini of Klainguti, waar om de hoek wordt gehoest in het Arabisch en Wolof.

Genua in de zomer is een opluchting. Het vervult de oude belofte van plakkerige rusteloosheid met *macaia* en de fantasie van Afrika. In de haven worden genoeg vloeken gelost om de avond door te komen. Accordeons doen de rozen van rozenverkopers verwelken. Velen hebben heimwee naar de tijd toen zij nog konden verdwalen.

Eeuwen geleden zei men al dat Genua genoemd is naar Janus, de god met twee gezichten. Het is de stad van zee en bergen, van bladgoud en ratten, van adel en hoeren en van onfotografeerbare contrasten van dag en nacht op hetzelfde moment in dezelfde steeg. Twee halve gezichten maken één gezicht, dus Genua kan dankzij haar tegenstellingen nog glimlachen. De stad is sterker dan de angst. De zomer is sterker dan plexiglas. Het is te warm voor zorgen. We kunnen ook zoenen, want alle bijgedachten zullen smelten.

Is er iets veranderd? Janus knikt en schudt zijn hoofd. Zoals na de komst van de zwarte dood in 1347 en zoals na de grote pest van 1656 en 1657 is de stad onherkenbaar zichzelf gebleven en onwrikbaar herschapen. Zoals een koopman zijn rijkdommen verbergt, zo houdt de stad haar littekens uit het zicht. Talrijk zijn de spreekwoorden in het oude dialect die zeggen dat er een nieuwe dag komt na een slechte dag. Klagen is gratis, maar de vis moet betaald.

In de zomer denkt niemand aan de herfst.

VERANTWOORDING

Quarantaine. Dagboek in tijden van besmetting is in dagelijkse afleveringen gepubliceerd in de Nederlandse krant NRC *Handelsblad* en in de Belgische krant *De Standaard*. De publicatiedatum van de afzonderlijke afleveringen was een dag na de dagtekening. Omdat deze uitgave een authentiek en eerlijk tijdsdocument beoogt te zijn, is er in deze eerder gepubliceerde afleveringen niets veranderd behoudens enkele kleine correcties.

Omdat er op zondag geen Nederlandse en Belgische kranten verschijnen, zijn de afleveringen die op een zaterdag zijn geschreven niet eerder gepubliceerd. De enige uitzondering is de aflevering van zaterdag 25 april 2020, die op maandag 27 april 2020 in beide kranten is afgedrukt in plaats van de aflevering van zondag 26 april 2020, die hier voor het eerst in druk verschijnt. De laatste aflevering in *De Standaard* was die van vrijdag 19 juni 2020, gepubliceerd op de dag daarna.

De omslagfoto is een authentieke selfie die de auteur van zichzelf heeft genomen op Piazza San Lorenzo op donderdag 12 maart 2020 om drie minuten voor vier in de middag. Die dag was de eerste dag dat hij een mondkapje droeg. Hij had zojuist boodschappen gebracht naar de moeder van Stella.

BOEKEN VAN ILJA LEONARD PFEIJFFER

LEIDEN

van de vierkante man (De Arbeiderspers 1998, gedichten; C. Buddingh'-prijs, genomineerd voor de VSB Poëzieprijs en de Paul Snoekprijs)

Three Aeginetan Odes of Pindar. A Commentary on Nemean V, *Nemean* III, *& Pythian* VIII (*Mnemosyne Supplements* 197, Brill 1999)

First Person Futures in Pindar (*Hermes Einzelschriften* 81, Franz Steiner Verlag 1999)

One Hundred Years of Bacchylides. Proceedings of a Colloquium Held at the Vrije Universiteit Amsterdam (VU University Press 1999, met Simon R. Slings)

De antieken. Een korte literatuurgeschiedenis (De Arbeiderspers 2000, literatuurgeschiedenis)

Het glimpen van de welkwiek (De Arbeiderspers 2001, gedichten; genomineerd voor de J.C. Bloemprijs en de Hugues C. Pernathprijs)

Rupert. Een bekentenis (De Arbeiderspers 2002, roman; Anton Wachterprijs, Gerard Walschapprijs, genomineerd voor de Debutantenprijs)

Dolores. Elegieën (De Arbeiderspers 2002, gedichten; Literaturpreis Nordrhein-Westfalen)

Het geheim van het vermoorde geneuzel. Een poëtica (De Arbeiderspers 2003, essays)

Het grote baggerboek (De Arbeiderspers 2004, roman; Tzumprijs, genomineerd voor de AKO Literatuurprijs en voor de Gouden Uil)

The Manipulative Mode. Political Propaganda in Antiquity. A Collection of Case Studies (*Mnemosyne Supplements* 261, Brill 2004, met Karl A.E. Enenkel)

Dodendans (Elchers 2005, met Roosmarie Custers, gedicht)

In de naam van de hond. De grote gedichten (De Arbeiderspers 2005, gedichten)

Het ware leven, een roman (De Arbeiderspers 2006, roman)

Schuimende morgen. Een keuze uit de gedichten van H. Marsman (Athenaeum-Polak & Van Gennep 2006, bloemlezing)

De eeuw van mijn dochter. Een treurspel in vijf bedrijven (De Arbeiderspers 2007, toneeltekst)

Second life. Verhalen en reportages uit een tweede leven (De Arbeiderspers 2007, documentaire)

Malpensa. Een duet voor durfkapitalisten (De Arbeiderspers 2008, toneeltekst)

De man van vele manieren. Verzamelde gedichten 1998-2008 (De Arbeiderspers 2008, gedichten)

De maan heeft geen liefde nodig. Een keuze uit de gedichten van Ilja Leonard Pfeijffer (ed. Özcan Akyol, Rainbow Essentials, Maarten Muntinga 2008, bloemlezing)

GENUA

De canon van de Europese poëzie (Meulenhoff 2009, bloemlezing, met Gert Jan de Vries; ook verschenen als paperback onder de titel *500 gedichten die iedereen gelezen moet hebben*; een selectie is verschenen onder de titel *De 100 allermooiste gedichten van de Europese poëzie*, Meulenhoff 2010)

De filosofie van de heuvel. Op de fiets naar Rome (De Arbeiderspers 2009, 2020, reisverslag; genomineerd voor de Socrates Wisselbeker)

Oude & nieuwe Leidsche. Verhalen van een stad (De Arbeiderspers 2009, bloemlezing, samen met Onno Blom)

Er is alles in de wereld. Een keuze uit de gedichten van Lucebert (De Bezige Bij 2009, bloemlezing)

Harde feiten. Honderd romans (De Arbeiderspers 2010, korte verhalen)

De Griekse mythen (Prometheus 2010, navertelling)

Het ministerie van Specifieke Zaken. Over Haags gekonkel en de mentale staat van het land (De Arbeiderspers 2011, columns)

Hoe word ik een beroemd schrijver? Een literair zelfhulpboek (De Arbeiderspers 2012, essays)

Minister Kwist. Een reconstructie van de val van de minst bekende bewindspersoon van het eerste kabinet-Rutte (De Arbeiderspers 2012, novelle)

La Superba (De Arbeiderspers 2013, roman; Libris Literatuurprijs, Inktaap, Tzumprijs, de vijfjaarlijkse prijs van de Koninklijke Academie voor Nederlandse Taal- en Letterkunde, genomineerd voor de AKO Literatuurprijs en de Gouden Boekenuil)

Constantijn Huygens, *Stemmen van Den Haag* (Prometheus 2013, editie met inleiding en vertaling, met Frans Blom)

Till Lindemann, *In stille nachten*, vertaald door Ilja Leonard Pfeijffer (Lebowski 2014, vertaling)
Van weemoed naar de nacht (TILT 2014, novelle)
Giro giro tondo. Een obsessie (CPNB 2015, poëzieweekgeschenk)
Idyllen. Nieuwe poëzie (De Arbeiderspers 2015, gedichten; VSB Poëzieprijs, Jan Campertprijs, Awater Poëzieprijs; ook verkrijgbaar als luisterboek, door de dichter zelf voorgedragen, Uitgeverij Rubinstein)
Gelukszoekers (De Arbeiderspers 2015, bundeling van teksten over migratie; E. du Perronprijs)
Karakters. Brief aan mijzelf op jongere leeftijd (*Leidse Literaire Reeks 1*, Het Tillenbeest 2015, verhaal)
Brieven uit Genua (Privé-domein 282, De Arbeiderspers 2016, autobiografie)
Duetten (Lebowski 2016, gedichten, met Erik Jan Harmens)
De Nederlandse poëzie van de twintigste en eenentwintigse eeuw in 1000 en enige gedichten (Prometheus 2016, bloemlezing)
Peachez, een romance (De Arbeiderspers 2017, roman; genomineerd voor de Libris Literatuurprijs)
De advocaat (De Nieuwe Toneelbibliotheek 377, 2017, toneeltekst; Taalunie Toneelschrijfprijs)
Van oorlog en liefde. Een heldendicht (De Arbeiderspers 2017, poëzie)
Grand Hotel Europa (De Arbeiderspers 2018, roman van het jaar 2019 volgens *Trouw*-lezers, bestverkochte Nederlandse boek 2019, genomineerd voor de Libris Literatuur Prijs en de NS Publieksprijs)
Sonnetten 2018 (Kubla Khan, 2019)
Ondraaglijke lichtheid. Over het nut en nadeel van de ironie voor het leven (Prometheus 2019, genomineerd voor de Socratesbeker 2020)
De veelstemmige man. Verzameld toneelwerk 2007-2020 (De Arbeiderspers 2020)
Noem het maar liefde (De Nieuwe Toneelbibliotheek 498, 2020, toneeltekst; Toneel Publieksprijs TAQA De Vest 2019, Delftse Kijker 2019)
Sonnetten 2019 (Kubla Khan, 2020)